DEUX MOIS

DE VACANCES

PAR

G. COUSIN-CONSTANTIN

Ouvrage illustré de gravures sur bois.

PARIS
rue des Saints-Pères, 30

J. LEFORT, IMPRIMEUR, ÉDITEUR
rue Charles de Muyssart, 24

LILLE

DEUX MOIS

DE VACANCES

Grand in-8º 2º série.

CATHÉDRALE DE STRASBOURG

DEUX MOIS

DE VACANCES

PAR

G. COUSIN-CONSTANTIN

Ouvrage illustré de gravures sur bois.

PARIS

rue des Saints-Pères, 30

J. LEFORT, IMPRIMEUR, ÉDITEUR

rue Charles de Muyssart, 24

LILLE

A Madame M***

Chère Madame,

Toutes les joies, même les plus grandes, ont un terme ici-bas; c'est pour en prolonger la durée que j'ai voulu écrire les charmantes impressions que j'ai ressenties pendant les jours qu'il m'a été donné de passer auprès de vous.

En lisant mes mémoires, lorsque, plus tard, la tristesse viendra rider mon front vieilli, je reverrai le ciel d'azur de ma jeunesse, resplendissant de nouveau à la pensée de ces heures fortunées, si agréables à mon esprit et si douces à mon cœur, et je vivrai des délicieux souvenirs, dus à l'excellente amie à laquelle je les dédie.

G. Cousin-Constantin.

DEUX MOIS DE VACANCES

<div align="center">~~~❦~~~</div>

Bordeaux.

Dimanche, 26 juillet.

Bien Chère amie,

Le plaisir que tu as éprouvé en lisant le récit de mon dernier voyage m'engage à t'écrire les impressions que m'inspirera celui que nous allons faire.

Je t'adresserai, chaque jour, mes souvenirs; puissent-ils être aussi agréables que ceux de la dernière année, et posséder pour toi le même charme. Ta meilleure amie serait trop heureuse alors d'avoir consacré ses loisirs à te préparer quelques instants de satisfaction.

Je partirai demain soir, à six heures et demie, avec cette même famille dont je t'ai si souvent parlé, et dont l'aimable société, la bonté habituelle et la délicate affection ont tant contribué à embellir, pour moi, mon séjour en Suisse et en Italie. En quittant la France, ces chères amies avaient compris qu'elles me remplaçaient la patrie et la famille; aussi, leur tendresse ne m'a jamais fait défaut.

Les trois jeunes filles sont charmantes, je les aime, car elles ont grandi sous mes yeux, et chaque jour m'a vue près d'elles, depuis plusieurs années; tu dois donc comprendre mon affection pour ces enfants. Leur mère a acquis toutes mes sympathies : elle s'est montrée si bonne, si attentionnée pour moi, son amitié a été si délicate en mille circonstances, que je me suis attachée à elle avec toute la vivacité de sentiment que tu me connais, et toute la fidélité et le dévouement dont mon cœur est capable. Je suis donc très heureuse de passer deux mois entiers avec cette chère famille, et j'espère que notre excursion dans les Iles-Britanniques, tout en donnant à mon esprit la satisfaction de voir l'inconnu, me laissera jouir pleinement des douceurs de l'amitié.

Je te tiendrai au courant de nos courses, et, si je ne t'écris pas régulièrement tous les jours, tu trouveras, sous le même pli, un journal détaillé qui te permettra de nous suivre par l'imagination, et de partager nos périgrinations au travers de l'Ile aux vertes collines.

Ton amie,

G. C.-C.

ANGLETERRE

Jeudi, 30 juillet.   *Londres.*

Me voilà dans la capitale des Iles Britanniques. Je ne t'ai point écrit depuis mon départ, ma bonne amie, parce que j'attendais d'être un peu orientée dans cette Babylone moderne, afin de pouvoir t'en parler plus sûrement. Mais, avant de te dire mes impressions sur Londres, je veux que tu saches que, depuis notre premier pas, tout nous a souri, tout nous a favorisées : le temps a été superbe, et aucune contrariété n'est venue attrister ou déranger nos projets.

Il m'est inutile de te raconter notre voyage de nuit, en quittant Bordeaux ; l'insomnie en a été le seul désagrément; et encore avons-nous fait, à la dérobée, quelques rêves assez agréables, jusqu'à ce qu'enfin, les premières lueurs de l'aurore nous aient permis de jouir du réveil de la nature.

Vers cinq heures, le beau Paris, tout endormi, nous a montré ses dômes, ses élégants édifices, et peu d'instants après, nous étions installées dans un charmant appartement au grand Hôtel du Louvre.

Quelques minutes de repos ont suffi pour nous remettre de la fatigue de la nuit. Aussitôt après le déjeuner, montant en voiture, nous avons parcouru les boulevards et la superbe place de la Concorde, puis, une exposition faite au profit des pauvres Alsaciens et Lorrains. Cette exposition était fort remarquable, par la quantité d'objets d'art qui y étaient réunis. Nous y eussions passé toute l'après-midi, si nous n'avions été obligées de faire quelques visites. La pluie, survenue vers le soir, nous inquiétait un peu pour notre départ du lendemain, mais, ce n'était qu'un bienfait du Ciel, pour nous préserver de la chaleur et de la poussière. Nous en fûmes convaincues; en effet, car le matin 29, quelques heures après avoir quitté Paris, le temps devint superbe et, en conséquence, la route nous parut fort courte.

Le pays, de Paris à Boulogne, m'a semblé peu intéressant; c'est un sol plat, ne présentant aucune perspective. On s'est arrêté un instant à Amiens, puis nous avons passé à Saint-Valéry où, en voyant l'embouchure de la Somme, j'ai pensé à Guillaume le Conquérant, et, comme lui, j'ai regardé d'où soufflait le vent; mais, nous, plus heureuses que lui, nous avions la vapeur qui ne devait pas nous laisser attendre le caprice du temps. Le train, courant toujours, est bientôt arrivé à Calais. — Là, les voyageurs, se rendant en Angleterre, sont restés dans les wagons, et ont été transportés, sans aucun déplacement, jusqu'au steamer, qui se balançait sur ses ancres.

Je redoutais beaucoup le mal de mer, mais les eaux étaient unies comme celles d'une paisible rivière ; aussi, personne n'a ressenti les atteintes de cette terrible souffrance. Notre traversée a duré à peine une heure et demie. Les blanches falaises des côtes anglaises nous apparurent de loin, éblouissantes sous les rayons ardents d'un soleil qu'aucun ombrage n'atténuait sur les rocs énormes et déchirés, qui forment, de ce côté, une digue infranchissable aux flots de la mer.

Le débarquement a été aussi facile que l'embarquement : des wagons, placés sur le quai même, attendaient les voyageurs qui n'ont eu qu'un pas à faire pour se placer sur les banquettes de leurs compartiments. On nous y a enfermées sous clef, puis, le siflet ayant donné le signal du départ, la locomotive s'est mise en marche rapidement, mais cependant pas aussi vite qu'on nous l'avait dit, car nous avons pu parfaitement examiner la contrée qui se déroulait sous nos yeux.

D'abord s'est montrée la ville de Douvres qui, vue à vol d'oiseau, nous a semblé gaie, coquette, très grande et toute neuve. Les rues, formées de maisons séparées les unes des autres par un étroit passage, et ayant chacune un enclos fermé, m'ont fait souvenir que nous étions chez les Anglais, leur caractère, dès notre arrivée dans leur pays, se montrait déjà sous ce simple aperçu. Ils aiment leur *home* (1), et se plaisent tellement à n'être pas gênés, qu'ils veulent que leurs maisons mêmes, ne servent pas de support aux maisons voisines : chacun pour soi en Angleterre!

Nous étions sous clef, je te l'ai dit, c'était notre *home* pour le moment, personne ne devait nous déranger ; la vapeur continuait son travail, et nos yeux le leur, car nous ne voulions perdre aucun point de vue.

La campagne, quoique bien cultivée, m'a paru monotone. Notre train étant express, ne s'arrêtait guère, aussi

(1) Demeure, chez soi, maison,

le trajet a-t-il été si court, que nous avons cru nous
tromper, quand nous avons entendu :

London! London! London! (1)

Il était six heures. — La ville, que domine de ce côté
le chemin de fer, nous a produit l'effet d'une forêt dont les

(1) Londres.

arbres s'étaient métamorphosés en tuyaux de cheminées. Il faut voir cela pour s'en faire une idée : c'est étrange, extraordinaire; jamais je n'aurais rêvé une telle agglomération de demeures humaines; les fourmilières sont moins peuplées que cette ville. On se sent le cœur serré au milieu de cette foule agitée, fiévreuse, se mouvant en tous sens, comme les flots de l'Océan. Je t'assure que je ne voudrais pas vivre à Londres.

Ayant fixé d'avance l'hôtel où nous devions descendre, nous nous y sommes immédiatement rendues; c'est *Charing-Cross-hôtel*, à la station du même nom.

Tout est ici d'un prix exorbitant, mais comme il faut nous y habituer, nos conditions ont été bientôt faites avec le majordome, et l'on nous a hissées à l'aide d'un ascenseur, jusqu'au deuxième étage, dans un joli appartement qu'on nous fait payer quarante francs par nuit. A six heures, on a servi le dîner de table d'hôtes, dont le prix est aussi élevé que celui des chambres, et nous y avons peu fait honneur, car la cuisine anglaise est fade et ne nous plaît point.

Enfin, la journée touchait à son terme, nous sommes cependant sorties quelques instants pour jeter un coup d'œil sur les magasins; ils étaient déjà presque tous fermés. C'est paraît-il, l'usage à Londres, de fermer boutique de bonne heure.

Nous sommes donc rentrées nous reposer.

— Ce matin, je t'écris cette longue lettre, ma chère amie, je la termine avant de commencer nos courses; demain, je te ferai la description de ce que j'aurai vu d'intéressant aujourd'hui, et je t'expédierai le tout par le même courrier.

Adieu !

Vendredi, 31 juillet.

Tel est le caractère des Anglais, ma chère amie, qu'ils
ne voient qu'eux au monde; ils marcheraient sur les
étrangers sans y prendre garde. Il est difficile de sym-
pathiser avec de telles gens.

Remarque cependant, chère amie, que je ne parle que
des gens vus dans la rue, car je ne puis encore juger d'un
intérieur d'anglais, n'en connaissant aucun, et ne pensant
même pas y pénétrer. Ce doit être chose bien difficile et
ce n'est certainement pas attrayant; mais, si, ce qui me
semblerait étrange, ils sont charmants chez eux, bien
renfermés, ils devraient l'être un peu à l'extérieur; on
ne doit pas vivre comme des tortues, en cachant toute
amabilité dans l'intérieur de sa carapace.

En résumé, l'aspect de cette nation me rend morose;
tu sais que j'ai l'habitude de n'être à l'aise qu'avec ceux
qui me témoignent confiance et sympathie; aussi le froid
glacial qui m'environne me laisse toute triste; joins à cela
que le soleil est sans doute fâché contre les Anglais; il ne
les éclaire qu'à travers le brouillard, et mes yeux, habitués
aux brillants rayons du midi, se couvrent de nuages comme
ce ciel gris. L'un d'eux, celui de droite, est même si fatigué,
qu'il verse des pleurs; il est si rouge et si gonflé qu'il ressort
de ma figure, noircie par la fumée planant sur Londres,
comme la lucarne d'une locomotive!...

Mais, parlons de choses plus intéressantes. Tu le sais,
jamais l'affection ne m'a rendue aveugle sur les défauts de
mes amis, et l'antipathie ne me rendra pas injuste
envers ceux dont le caractère est si opposé au caractère
français. Lorsque je découvrirai quelque bien dans ce
peuple, je serai heureuse de le noter, ce sera un accident.

Aujourd'hui ce sont les monuments de Londres qui m'occupent.

Nous avons visité l'église Saint-Paul, superbe édifice qui rappelle le style de Saint-Pierre de Rome, mais dans des proportions bien inférieures. Il nous a été pénible de voir ce beau temple servir au culte protestant : c'est le Panthéon de Londres ; là sont érigés des statues et des monuments à tous les hommes célèbres de l'Angleterre, j'y ai remarqué celui de Nelson, de Cook, de Cooper, de J. Moore, de Malcolm, de Cornwallis, de Napier et beaucoup d'autres. Dans les caveaux se trouvent le sarcophage de Nelson et celui de Wellington. Le char mortuaire qui a servi aux funérailles de ce dernier, y est conservé dans une chapelle tendue de noir et décorée de drapeaux et de trophées ; ce char a été fait des canons pris à l'ennemi ; c'est vraiment le plus beau et le plus digne monument qu'on puisse consacrer à la mémoire d'un grand général ; et, quoiqu'il soit élevé en l'honneur d'un de nos adversaires, je l'ai admiré.

Plusieurs autres sépultures, d'un moindre intérêt, sont également dans ces souterrains, d'où nous sommes sorties pour monter aux galeries, afin d'y jouir d'une vue d'ensemble sur le temple. Un écho assez remarquable y est observé : en prononçant des mots à voix basse, près de la muraille, la personne placée à l'une des extrémités des galeries entend parfaitement ce qui a été dit à l'autre extrémité. On a donné à cet endroit le nom de *Whispering Gallery* (1). Nous nous y sommes amusées quelques instants, puis, nous avons quitté Saint-Paul.

Sur la place de cette église s'élève la statue de la reine Anne, statue qui ne mérite qu'une légère attention, aussi, nous sommes nous rendues sans retard, à l'abbaye de Westminster, que nous avons visitée avec le plus grand intérêt, ainsi que la chambre des Communes, celle des Lords et la salle du Parlement. L'architecture de ces monuments est admirable ; la pierre est tellement travaillée qu'elle imite la dentelle. Ces immenses édifices produisent un effet gran-

1) Galerie murmurante, c'est-à-dire à écho.

INTÉRIEUR DE L'ÉGLISE SAINT-PAUL, A LONDRES

diose, ils appartiennent tous au style gothique perpendiculaire. En y pénétrant, on éprouve une impression profonde,
causée autant par l'admiration que par le respect. Dans les
nombreuses galeries règne le plus grand silence ; les gardiens
et les policemen, droits et muets comme des statues, se
tiennent impassibles devant toutes les portes qu'ils ouvrent
et ferment, comme des automates. Ces gens sont tous superbes
sous leurs uniformes, je pense qu'on ne choisit que de
beaux hommes pour le service public : c'est une attention
délicate ou un orgueil national, dont on doit savoir gré aux
Anglais, car il est agréable de trouver de belles statues
partout.

En traversant *the hall* (1), nous avons remarqué une grande
affluence d'hommes et quelques femmes. Nous avons demandé
le motif de cette réunion ; un policeman nous a gravement
répondu qu'on s'occupait des divorces dans une salle voisine.
Il nous prit fantaisie d'entendre plaider une de ces causes,
mais le gardien nous dit : « *You have no business here;
don't come in* (2) » et il nous a fallu renoncer à la plaisante
plaidoierie.

Après avoir visité les nombreux vestibules et les diverses
salles de ces palais, nous avons traversé une place sur laquelle
s'élève la statue équestre de Richard-Cœur-de-Lion, et nous
sommes entrées dans l'église de l'abbaye de Westminster qui
renferme les tombeaux des souverains d'Angleterre et d'une
foule de personnages illustres. Entr'autres, j'ai remarqué
ceux de Pitt, Newton, Addisson, Macauley, Dickens,
Milton, Spencer, Dryden, Jane Seymour, Talbot, Marie
Stuart, Éléonore de Guyenne; ceux de tous les rois et de toutes
les reines d'Angleterre sont là. La chapelle de Henri VII est
fort belle : elle est ornée de roses sculptées dans le marbre
et rappelle, par ces fleurs entrelacées, la fin de la guerre des
Deux-Roses.

(1) Vestibule.
(2) Vous n'avez pas affaire ici, n'entrez pas.

Une partie de l'après-midi s'est écoulée dans cette imposante église, et nous y serions demeurées plus longtemps, si l'heure d'un office n'eût fait fermer les portes aux visiteurs.

— Le vieux gardien qui nous expliquait, en psalmodiant d'un ton nasillard, les épitaphes des sépulcres, nous fit comprendre qu'il fallait se retirer.

Nous sommes donc rentrées à l'hôtel, un peu fatiguées, mais enchantées de tout ce que nous avions vu, et remettant à demain la suite de nos courses.

Adieu, je vais jeter ma lettre à la poste.

Samedi, 1ᵉʳ Août.   Brigthon.

Notre journée hier, a été des plus intéressantes, ma chère amie; nous avons visité la fameuse Tour de Londres où tant d'illustres victimes ont gémi et péri. Cette forteresse est énorme; elle est gardée par des soldats écossais dont la physionomie franche est la seule chose agréable en cette triste demeure.

Un guide, vêtu d'un costume galonné d'or, le chapeau à larges bords sur la tête, nous a fait parcourir successivement les tours du lugubre donjon. Chacune de ces tours éveille un sombre souvenir : la Tour des Cloches servit de prison aux deux reines Marie et Élisabeth; dans la Tour Sanglante, on assassina les enfants d'Édouard IV, par ordre de Richard de Glocester; la Tour des Briques fut la prison de Jane Grey; la Tour de Bauchamp fut celle d'Anne Boleyn, qui fut décapitée dans la cour; la Tour de Wakefield vit assassiner Henri VI, et, dans la Tour de Bowyer, l'histoire dit qu'on noya dans un tonneau de vin, le duc de Clarence, frère d'Édouard VI.

Nous avons franchi l'escalier sous lequel furent découverts

les corps des infortunés enfants d'Édouard IV ; enfin, chère
amie, cette prison d'État offre, à chaque pas, un souvenir
horrible de la cruauté, de la trahison, de la vengeance ;
c'est épouvantable ! On nous a fait entrer dans le sombre
cachot où souffrit, pendant douze ans, le favori d'Élisabeth,
sir Walter Raleigh ; près de ce cachot, est placé le billot
sur lequel fut décapitée l'infortunée Marie Stuart ; ce billot
fatal porte encore des taches de sang. Une foule d'instruments
de supplices l'entourent ; tout cela fait frissonner d'horreur.
En parcourant ces lieux marqués à chaque pas par une
atrocité, je sentais grandir mon dégoût pour tout ce qui
est cruauté, tyrannie, oppression. Dans cette prison, on
garde le coffre où fut contenu le trésor de l'invincible Armada,
et toutes sortes d'armures, entr'autres, celle de Charles Ier.
Cette armure est toute dorée. Les diamants de la couronne
sont placés dans une tour spéciale, assez fortifiée pour être
à l'abri des voleurs, et même d'une attaque armée. J'y ai
remarqué les couronnes d'Édouard le Confesseur, de Victoria,
de la reine épouse et du prince royal, les sceptres d'Édouard
le Confesseur, de Marie, femme de Guillaume III, de la
Colombe, et de Victoria ; quelques globes royaux, les glaives
de grâce et de justice, et plusieurs joyaux. Le nom de tous
les objets précieux nous était donné par le gardien ; j'ai noté
ceux dont je me souviens. On évalue l'ensemble de ces objets
à soixante-quinze millions environ.

En quittant cette forteresse, nous avons traversé une
cour dans laquelle on voit la place des supplices secrets ;
c'est là que fut tuée l'infortunée Jane Grey.

Rien, non, rien n'est aussi lugubre que cette prison
d'État ; on s'y sent le cœur serré à la pensée des crimes qui
y ont été accomplis. En lisant les nombreuses inscriptions
tracées sur les murailles, par les victimes qui y ont été
détenues, on est saisi de pitié ; et, en voyant, entr'autres,
celles qu'écrivit la main de Marie Stuart, mes yeux se sont
voilés de pleurs. Nous nous sommes éloignées, sérieuses et

tristes, de ce lieu funeste, dont la visite nous a cependant vivement intéressées, mais a été loin de nous inspirer de la sympathie pour les auteurs des atrocités qui venaient de se dresser devant nous comme des spectres terribles et lugubres.

Pour égayer nos esprits, nous nous sommes fait conduire à Hyde-Park, qui est le rendez-vous du monde élégant de Londres.

Notre équipage a traversé de superbes quartiers habités par les Lords durant l'hiver ; leurs demeures sont superbes, ce sont de vrais châteaux, bordant l'immense voie sur laquelle est situé le château de la reine. Cette voie est l'avenue principale de Hyde-Park.

Ayant fait arrêter notre calèche, nous avons examiné avec curiosité les jeunes Anglaises à cheval, se livrant à tous les caprices de la coquetterie, et venant poser devant les personnes assises sous les ombrages ou stationnant, comme nous, dans des équipages.

Je t'avoue, que je n'en ai vu qu'une seule qui m'ait parue belle.

Après être restées un moment dans ce parc, nous avons continué notre promenade jusqu'au monument élevé en l'honneur du mari de la reine. Ce monument appelé « Albert Mémorial », est au sud des jardins de Kinsington, sur une petite plate-forme, à laquelle on monte par des degrés de granit. Au pied du monument sont quatre groupes allégoriques représentant l'Europe, l'Asie, l'Afrique et l'Amérique.

Aux quatre coins, sur des socles de marbre, sont quatre autres groupes allégoriques : l'Industrie, l'Agriculture, le Commerce et l'Architecture ; sous un dais gothique gigantesque, se dresse la statue du prince ; ce dais est supporté par des colonnes de granit se terminant en flèches. L'ensemble est fort beau, nous l'avons admiré ; puis nous avons voulu parcourir le jardin zoologique qui est le plus complet du monde. Il contient toutes sortes d'animaux, même les plus gros et les plus difficiles à acclimater. Mes jeunes amies ont été ravies de cette promenade, que nous avons terminée par une visite au musée de Mme Tussant.

Ce musée se compose de personnages en cire, vêtus selon l'époque à laquelle ils ont appartenu ; ce sont des personnages célèbres par quelque action remarquable soit dans le crime, soit dans l'histoire ; c'est une collection des plus intéressantes. Tout est si bien fait, si bien imité, que nous avons adressé la parole à quelques-unes de ces figures de cire, croyant parler à des personnes réelles. Juge de notre mystification.

Tu dois penser, ma bonne amie, qu'après une journée si bien remplie, nous avions besoin de repos ; aussi, avons-nous dormi profondément, et assez tard ce matin, pour n'être disposées à partir qu'à deux heures, par le train du sud, qui nous a portées à Brigthon, d'où je t'écris cette longue lettre.

Nous sommes au *Grand-Hôtel*, superbe établissement, situé en face de la plage.

Brigthon est une charmante ville, pleine d'animation ; elle est fréquentée, dit-on, par plus de cinquante mille étrangers, chaque année.

Ce pays était autrefois le domaine de ce comte Godwin, dont le fils Harold fut tué à la bataille de Hasting, en 1066. J'aime à me rappeler tous les souvenirs historiques, partout où j'en rencontre, et je t'en fais part en courant.

Adieu, mon amie, demain, je continuerai mon récit, et je te dirai si je trouve ici les Anglais semblables à ceux de leur capitale.

Dimanche, 2 Août.   Brigthon.

Rien de plus ridicule que les costumes que nous voyons ici ; figure-toi, ma chère amie, la réunion des couleurs les plus disparates, les plus vives, ornant souvent la même jupe, ou tout au moins, répandues dans le même costume ; coiffure en pyramide, posée sur le derrière de la tête, et surmontée d'un chapeau qu'on y croirait accroché comme à un porte-manteau ; tournures disgracieuses, corps qui semblent coupés à coups de hache, tailles carrées, pieds et mains d'une grandeur démesurée, voilà le type qui s'offre le plus souvent à nos yeux. Les robes très courtes, ne dissimulent pas les bases solides de ces dames à réputation de beauté.

C'est aujourd'hui dimanche, toute la population est sur la promenade, eh ! bien, sauf quelques élégantes qui sont peut-être des étrangères, ou des anglaises habillées à Paris, toutes les autres femmes sont mal.

Il fait un froid excessif, un vent violent emporte les chapeaux, le mien m'a été enlevé, je l'ai cru parti pour un voyage de long cours, et, tandis que, grelottant, nous nous enveloppions dans nos shalls, nous voyions des anglaises vêtues de robes de mousseline blanche, et paraissant avoir chaud !

Décidément, ces femmes-là sont d'une nature différente de la nôtre, et en toute chose, car, je dois dire, qu'elles m'ont édifiée à l'église : ce matin, nous avons entendu la messe et un sermon en anglais ; l'office a duré plus de deux heures, pendant lesquelles on a continuellement chanté. Mais quel chant ? Le sentiment musical était complètement absent ; néanmoins, la cérémonie a été belle par sa simplicité même, et la ferveur des assistants, leur recueillement, était touchant.

En quittant l'église, nous sommes allées voir l'Aquarium

qui est, dit-on, le plus complet du monde ; nous l'avons
trouvé fort remarquable. La ville est gaie, charmante, je te
l'ai dit ; je comprends parfaitement qu'elle soit le rendez-
vous d'un grand nombre de baigneurs dans cette saison, car
c'est réellement un endroit délicieux. Brigthon s'étend sur le
versant d'une colline, au bord d'une baie superbe, sur
laquelle on a construit des ponts qu'on nomme ici *pier*. (1)
Ces piers s'avancent à plus de cinquante mètres dans la
mer ; c'est là qu'est le point de réunion, on y entend de la
musique, on y respire la brise du soir, et l'on jouit d'une
vue admirable sur la Manche.

Il est fâcheux que le temps soit si froid, cela nous prive
du plaisir de prendre des bains, aussi ne prolongerons-nous
pas notre séjour à Brighton. Demain, nous partirons pour
l'île de Wight, d'où je compte t'écrire.

Adieu, nous quittons le salon de l'hôtel, où ma chère
Mary vient de jouer brillamment un morceau de musique
sans savoir qu'on l'écoutait ; mais, des applaudissements
ayant troublé sa modestie, elle a quitté le piano, et, toute
rouge d'émotion, est venue près de sa bonne mère, et n'a
plus voulu se faire entendre.

Je suis heureuse de voir cette charmante enfant si modeste ; elle est gracieuse et remplie de charme sans s'en
douter. Je l'ai embrassée de bon cœur, et je t'embrasse de
même, ma chère amie, en te disant : à demain.

Lundi, 3 Août.   Ile de Wight. — Ryde.

Nous avons quitté Brighton ce matin, vers onze heures ;
le temps était beau, quoique froid, mais en approchant de
Portsmouth, la température est devenue plus douce, et en
arrivant dans cette ville, à trois heures, il faisait si grand

(1) Môle, jetée.

chaud, que notre premier désir a été celui de prendre un bain de mer. Mon excellente amie, qui cherche toujours à satisfaire les souhaits de ceux qui l'entourent, s'est rendue avec nous sur la plage, et s'y est assise avec Mary, tandis que les deux plus jeunes et moi nous prenions nos ébats dans les flots. Là, pour la première fois, j'ai vu ces cabines roulantes dont on m'avait si souvent parlé, et je les ai trouvées très commodes : elles ont deux issues, l'une du côté de la plage, et l'autre descendant dans la mer. On n'a donc pas besoin de se promener en costume mouillé ; chacun se baigne devant la porte de sa cabine, comme on pourrait le faire dans son jardin; puis on rentre chez soi, où l'on fait toilette avant de reparaître sur la plage.

Après avoir agi de cette manière, nous avons rejoint Mary et sa mère qui nous attendaient patiemment; alors, montant toutes en voiture, nous avons parcouru la ville, qui offre peu d'intérêt par elle-même, mais dont le port est remarquable. C'est une place extraordinairement fortifiée : trois énormes forts s'élèvent entre la ville et l'île de Wight, que l'on aperçoit au loin; des canons formidables sont braqués vers la mer sur toute l'étendue du port, et de nombreux vaisseaux, ancrés de distance en distance, ferment complètement l'entrée de Portsmouth. Il serait bien difficile de prendre l'Angleterre par ce côté, car, indépendamment de toutes ces forces, il y a, pour les faire valoir, une troupe considérable dans les casernes de la ville et sur tous les points culminants des environs.

A Portsmouth, c'est fête aujourd'hui (*Bank holiday*)(1), nous a-t-on dit. Tous les magasins étaient fermés, ce qui n'était pas gai pour les voyageurs ; cependant, nos deux heures de promenade nous ont paru courtes. Après avoir parcouru les plus beaux quartiers de la ville, nous nous sommes faits conduire au bateau à vapeur qui allait partir pour l'île de Wight. La mer était un peu agitée, mais

(1) Banque en vacances.

superbe; je respirais avec délice la brise salée; mes amies et moi, nous regardions, avec une joie enfantine, le jeu des vagues autour de notre frêle esquif, les marsouins faisant la roue au-dessus des flots, et les voiles de tout genre se croisant sur mille points. Nous n'avions pas eu le temps de penser au mal de mer, que déjà la gracieuse île de Wight se dessinait parfaitement à nos yeux. C'est dans la rade de Ryde que notre bateau a jeté l'ancre.

Après avoir déposé nos bagages à *Royal Pier hôtel*, nous nous sommes empressées d'aller nous promener sur le port, où plusieurs Anglais flânaient avec le flegme qui les caracrise. C'est jour férié ici, comme à Portsmouth; les Anglaises, en costumes de fête, jouissaient également des vacances et du beau soleil, et nous avons fait comme elles jusqu'à l'heure du dîner, après lequel, profitant d'une superbe soirée et d'une atmosphère plus douce et plus parfumée que nous n'en avons senti depuis que nous sommes en Angleterre, nous avons fait avancer une calèche et avons dit au cocher de nous mener dans les plus jolis endroits de l'île.

Cet homme nous a fait parcourir *Quarr Abbey*, *Binstead-Church*, et autres points intéressants, il n'avait d'ailleurs qu'à choisir, car tu ne saurais te figurer, ma bonne amie, l'aspect délicieux de ce pays; tout y est frais et propre; les rues, les chemins, même dans la campagne, semblent être ratissés et sablés; les maisons, entourées d'enclos fleuris, sont agréables à voir, les murailles blanches, les vitres claires et garnies de rideaux abaissés, les portes bien closes, tout donne à ces habitations un air de paix, de calme, d'ordre, comme on en respire dans les couvents.

Quelques dames se montraient à travers les fleurs qui tapissent presque toutes les croisées, elles nous ont semblé en toilette comme leurs maisons et d'une apparence aussi tranquille.

Nous les avons admirées, mais je n'ai point envié leur sort, car elles me produisaient l'effet d'oiseaux enfermés dans de jolies cages, et tu sais que j'aime la liberté. C'est ce sentiment qui me fait détester les croisées d'Angleterre, parce que ce sont de grandes vitres qui se soulèvent de bas en haut, pour laisser passer un peu d'air, et qui retombent complètement comme des stores. Lorsque je vois quelques têtes se glisser au-dessous de ces glaces, il me semble toujours qu'elles vont être coupées par ce vitrage suspendu au-dessus d'elles.

L'île de Wight est ravissante, et Ryde, principale ville de l'île, se trouve dans un site délicieux. Cette ville s'étend en amphithéâtre au bord de la mer qui vient, de tous côtés, caresser ces rivages charmants, parsemés de bois, de charmilles, d'ombrages si touffus que les habitations ne s'y montrent qu'à travers le feuillage. Les rosiers, les chèvrefeuilles, mille sortes de lianes grimpantes couvrent toutes les murailles. L'île entière n'est qu'un jardin parfumé, les fuchsias sont grands comme des arbres, la végétation est luxuriante. En arrivant ici, on est ravi de l'aspect pittoresque et riant qui se présente sur tous les points.

La nuit seule a mis fin à notre promenade; nous allons nous reposer. Adieu, demain nous quitterons Ryde, et tu nous suivras.

Mardi, 4 Août.   En route.

Il pleuvait un peu ce matin, mais le soleil se lève au moment où nous nous embarquons pour Portsmouth, après quelques instants d'hésitation, car nous désirions d'abord faire voile vers Southampton, Mary ayant préféré revenir par la même voie, qui nous avait amenées, nous voilà installées dans le bateau de Portsmouth. L'ancre vient d'être levée, et nous filons à travers des flots d'écume, jetant en souriant un dernier regard et un joyeux adieu à l'île ravissante dont les vertes collines ne nous paraissent bientôt plus que semblables à de légers nuages, qui se dissipent peu à peu à l'horizon. Notre traversée est agréable, personne n'est malade. Mais, en approchant du port, le vent se lève subitement, notre navire est ballotté comme une petite yole ; c'est avec quelque danger qu'on jette l'amarrage et que le bateau touche enfin au débarcadère.

Il nous faut mille précautions pour n'être pas précipitées dans l'eau ; ce n'est qu'en nous tenant mutuellement, en nous cramponnant aux mâts, aux matelots, à tout ce que nous pouvons saisir, que nous parvenons à mettre pied à terre sans accident, mais non sans peur. Je t'avoue que j'aurais été contente d'éprouver cette bourrasque au large, c'eût été un incident émouvant ; néanmoins, je suis encore plus satisfaite d'être sur terre, et de laisser la mer se déchaîner sans nous.

Nous traversons la ville en tramway pour nous rendre à la gare, d'où le prochain train nous portera à Bath. J'avais quelques réclamations à faire au directeur des chemins de fer, relativement à des billets donnés en fausse direction, et, en attendant le départ, je m'en suis occupée. Tu aurais été étonnée, ma bonne amie, de m'entendre parler l'anglais ; je crois ne m'en être pas mal tirée, car on a fait droit à ma demande. Ce qui te prouve qu'il est bon d'étudier les langues étrangères.

Nous somme parties à midi. Tous les employés du chemin de fer sont très complaisants sur cette ligne ; nous n'avons qu'à leur dire que nous désirons être seules, aussitôt, ils nous mettent sous clef, en ayant soin de coller à la portière le mot : « engaged » (1), de cette façon, nous voyageons sans gêne, comme si notre salon de Bordeaux était traîné par la locomotive anglaise. Lorsqu'un chef de train termine son parcours, il nous recommande à son remplaçant, et ainsi, nous avons toujours, à notre portée, un gracieux visage

(1) Loué.

nous souriant, et un homme tout disposé à nous servir. Ils poussent cette complaisance si loin que (tu auras peine à le croire) l'un d'eux a retardé le départ de quelques minutes pour courir chercher, lui-même, un verre d'eau fraîche dont nous avions grande envie, à la dernière station que nous venons de quitter. — Bien entendu, nos shillings contribuent pour beaucoup, à cette amabilité; mais, nous leur donnons avec plaisir, car, par ce moyen, tout devient agréable.

Le temps était superbe ce matin (tu sais que le ciel nous favorise sous ce rapport); mais, en Angleterre, la température change si souvent et si subitement que nous commençons déjà à sentir le froid.

La contrée que nous parcourons est bien cultivée mais monotone : on n'aperçoit que des champs de blé et des prairies, où broutent d'innombrables troupeaux; depuis une heure, cette vue n'a pas varié. Enfin on s'arrête pour changer de train à Bishopstoke, et nous en sommes enchantées, ce sera une petite distraction; ces changements de trains sont toujours amusants pour nous, pour moi surtout, qui me plais à observer la physionomie de chaque endroit.

Le vent s'est levé, la pluie tombe, le froid devient piquant; malgré nos *shalls* (1), nous grelottons, et nous sommes étonnées, comme à Brighton, en voyant des voyageuses anglaises, vêtues de robes de mousseline. Il est vrai que plusieurs d'entr'elles portent des vêtements de fourrures par-dessus leurs robes légères; étrange assemblage qui se voit souvent ici.

Nous sommes toutes transies, et cherchant un abri contre la bise glaciale, nous remontons en wagon. Heureusement, l'attente n'a pas été longue; cinq minutes, dix au plus, et nous voilà de nouveau étendues dans nos fauteuils.

Comme presque toujours pour nous, un petit désagrément va se transformer en plaisir. Nous avions des billets directs pour Bath, et notre train doit s'arrêter à Salisbury, d'où

(1) Châles.

nous ne pourrons partir qu'à quatre heures. Charmant contre-temps, comme tu le vois, puisque nous allons visiter cette ville qui n'était pas dans notre programme, et encore mieux, nous pourrons bien y dîner, ce qui n'est pas à dédaigner en voyage.

Donc, après avoir commandé notre repas à l'hôtel *White-Heart*, nous courons à la cathédrale, seul monument remarquable de cette cité. Cet édifice est un des plus beaux de l'Angleterre; il est immense, la voûte, couverte de fresques, est supportée par une multitude de piliers entourés de colonnettes de marbre de différentes couleurs; des colonnettes semblables se trouvent dans toute la basilique, avec une profusion magnifique. Des deux côtés de l'église, sous de larges arcades, sont alignés des monuments funèbres, fort anciens, dont quelques-uns sont d'une richesse de sculpture très remarquable. *The Lady's chapel* (1) surtout est d'une élégance rare, et la salle du chapitre, dans le cloître attenant à l'église, est d'une admirable perfection : un seul pilier, formé par la réunion de plusieurs colonnes, en supporte la haute voûte ; des bas-reliefs très anciens et des fresques en décorent les murs ; les vitraux sont superbes.

Nous sommes ravies d'avoir vu ce beau temple; et, tout en faisant des vœux pour qu'il soit rendu au culte catholique, nous montons en voiture et rentrons à l'hôtel pour dîner. Le repas nous attendait, servi dans une salle privée d'air, car les croisées à coulisse ne peuvent guère aérer un appartement; aussi, la tête nous tourne en entrant, il nous semble que la table monte et descende avec tout ce qu'elle supporte et tout ce qui l'entoure, nous nous trouvons comme sur le pont d'un bateau, et nous nous empressons d'ouvrir, autant que possible les soupiraux de notre *dining-room* (2). Alors, reprenant, peu à peu, notre aplomb, nous portons notre regard vers la table, et une hilarité générale résulte de ce

(1) Chapelle de la sainte Vierge.
(2) Salle à manger.

coup d'œil. Le diner servi se compose ainsi : une large soupière remplie de je ne sais quel jus noirâtre que nous ne pouvons avaler, tant il est mauvais, un énorme saumon tout entier, la moitié d'un mouton rôti, un gros jambon, trois plats de pommes de terre, de haricots, de choux-fleurs, une large tarte aux prunes et un fromage! tout cela pour nous cinq! Juge s'il y avait de quoi satisfaire l'appétit, même de cinq anglais! Tu dois penser que notre repas a été fort gai; aussi craignons-nous de l'avoir trop prolongé et de ne pas arriver à temps à la gare. Précipitamment donc, nous quittons la table et montons dans la voiture qui nous emporte en toute hâte, mais en vain, le train part, juste en vous voyant.

Nous restons là, tout étonnées d'avoir oublié l'heure; c'est la première fois que cela nous arrive depuis notre départ, mais, nous n'avons pas coutume de nous tracasser pour si peu de chose, nous nous installons dans une salle de la gare pour attendre le prochain départ, qui aura lieu à cinq heures. Il y a des journaux, des livres à notre disposition, un charmant paysage s'étend devant nous; puis, comme si nous l'avions désiré, pour nous distraire, une troupe de musiciens viennent jouer des airs délicieux sous la fenêtre. Tu comprends, ma chère amie, que l'heure ne nous paraît pas longue, et nous sommes même toutes surprises de voir le nouveau train prêt pour le départ, et nous y prenons place tranquillement. Aujourd'hui, le conducteur n'est pas le seul homme aimable pour nous : le mécanicien et plusieurs autres employés du train regardent notre groupe avec complaisance, et cherchent déjà, j'en suis sûre, le moyen de nous plaire.

Je ne me suis pas trompée, car nous ne sommes parties que depuis peu, et le train, s'arrêtant déjà, je ne sais pour quelle cause, au milieu de la voie, notre première idée est de redouter un accident; mais non, il n'y a rien de signalé, et les employés aimables viennent se placer devant notre

wagon, et se mettent à jouer sur la voie une partie de palet
et de cricket. Ils rivalisent d'adresse, à tel point que, si nous
l'osions, nous jetterions, comme au temps des tournois, un
prix au vainqueur. Puis, la partie terminée, le train se
remet en mouvement.

Nous en sommes presque contrariées, tant la partie de palet
nous a amusées, et nous nous demandons si ce n'a pas été
uniquement pour nous distraire, qu'on a fait cette halte de
quelques minutes, dont la cause nous est restée inconnue.

Nous courons depuis longtemps maintenant, et la nuit
s'avance; elle descend lentement sur les vallons, le ciel se
couvre, ce n'est pas le beau ciel étoilé de l'Italie, les nuages
sont bas, si bas qu'il me semble les voir sous nos pieds,
comme un sombre tapis, sur lequel brillent quelques diamants. C'est Bath qui me produit cette illusion, Bath, où
nous arrivons à la nuit complète, il est neuf heures.

Cette ville s'étend du fond d'un vallon jusqu'au sommet
des collines qui l'entourent, ce sont ses lumières, perçant
l'obscurité, qui m'ont produit un effet fantastique.

Pump-Room hôtel est le meilleur de la ville, c'est donc
là que nous descendons et allons prendre du repos. Mon
amie, voulant éviter la fatigue de monter par l'escalier,
choisit l'ascenseur pour arriver plus vite à notre appartement, mais nous l'entendons bientôt appeler du secours.
Qu'est-ce donc?...

C'est l'ascenseur qui ne peut plus faire son service et
qui reste suspendu dans l'espace, n'allant plus ni en haut ni
en bas. Et nous toutes de rire, tu le comprends; c'était
le cas de dire : « Le plus court n'est pas le meilleur. »

Mon aimable amie, qui ne sait pas être de mauvaise
humeur, a donc dû sortir de l'ascenseur et terminer son
ascension à pied, et nous voilà dans notre chambre.

Adieu; tu vois que je tiens ma promesse, et, puisque mes
lettres t'intéressent, je continuerai à te faire voyager avec
nous. A demain.

Mercredi, 5 Août.   Encore en route.

Bath est une ville délicieuse ; elle s'étend, comme je te l'ai dit, ma chère amie, dans une profonde vallée, et s'élève en terrasses superposées jusqu'au sommet des hautes montagnes qui l'entourent, et que, hier soir, dans l'obscurité, j'avais prises pour des nuages.

Des promenades immenses, de vastes jardins, des rues larges, bien alignées, de superbes maisons, bâties en hémicycles dans plusieurs quartiers, puisque la ville est ronde, un parc charmant, tout plaît en cette cité. Le succès qu'ont les eaux de Bath n'est donc pas étonnant. Cette ville est calme, confortable, distinguée et luxueuse. L'établissement thermal est un des plus beaux qui existent ; nous y avons pris un bain dans la grande piscine, avant le déjeuner, puis, selon notre habitude, nous avons fait une longue promenade qui nous a permis de juger des lieux, et enfin, après avoir parcouru quelques magasins d'où nous emportons différents articles, nous disons adieu à cette jolie ville et nous nous remettons en route.

La voiture nous emporte rapidement vers la gare, mais, apercevant un rassemblement, nous faisons arrêter notre calèche, et nous regardons avec curiosité ce qui se passe là.

C'est un nouveau couple qui va partir pour le voyage de la Lune de miel. Les époux s'élancent dans une voiture, quatre demoiselles d'honneur qui les accompagnent se rangent au bord du trottoir avec plusieurs autres personnes de la noce ; on se fait mille adieux de la main ; les plus intimes, les parents, sans doute, embrassent les mariés et leur jettent de la farine sur les habits et une savate à la figure, puis, le jockey, en culotte blanche, en habit rouge, portant bouquet et rubans blancs au côté, monte sur un des chevaux, et l'équipage part au grand galop.

Je ne saurais t'expliquer l'usage de cette farine et de
cette savate jetées aux jeunes époux, mais il paraît que
cela fait partie essentielle de la cérémonie nuptiale en
Angleterre. C'est, ce me semble, bien peu gracieux.

Ces époux vont prendre le même train que nous, mais
nous nous arrêtons pour acheter une souris blanche, que
désire une de mes petites amies, et nous ne nous occupons
plus de la noce. Puis, réflexion faite, la petite souris
blanche nous semble devoir être très embarrassante en
route ; aussi, après quelque hésitation, notre gentille enfant
renonce à sa fantaisie, et remet la souris au marchand qui,
enchanté d'avoir l'argent et la marchandise, nous souhaite
un excellent voyage, et nous voilà parties pour Bristol.

Les nuages gris se sont changés en pluie fine et serrée ;
il fait froid, décidément, nous n'aurons pas d'été cette
année, impossible de quitter nos vêtements d'hiver. Nous
nous cachons derrière les vitres closes de notre wagon qui,
aujourd'hui, est occupé par un vieux gentleman, sa femme
et un enfant. Le trajet ne devant durer qu'une heure, la
présence de ces voyageurs ne peut nous importuner, et la
conversation devient bientôt générale. On parle cuisine, et
cette dame, qui connaît la contrée, nous indique *Clifton-
Down hôtel*, comme étant pourvu d'une excellente table. Il
est donc arrêté que nous y descendrons, car, depuis que nous
sommes en Angleterre, nous n'avons vu que du rôti et du
poisson bouilli à tous les repas ; on s'en rassasierait à moins,
n'est-ce pas ?

Le train s'arrête, nous courons après une voiture assez
grande pour transporter nos bagages, et le cocher, ayant
reçu l'indication de *Clifton*, se met immédiatement en route.
Il paraît que cet hôtel est fort éloigné de la gare, car nous
trottons depuis longtemps déjà, traversant de longues rues
sombres, boueuses, dont les hautes et vieilles maisons ressemblent toutes à des entrepôts, tant il y a de marchandises
entassées dans les boutiques, et rien ne nous indique encore

le charmant endroit dont la voyageuse a parlé. Ce trajet nous paraît interminable, car la pluie, qui est d'une persévérance détestable, n'égaie pas le chemin. Enfin, nous arrivons au sommet d'un grand faubourg; c'est Clifton.

Clifton est aussi propre, aussi élégant que Bristol est enfumé et laid. Notre hôtel est excellent, en effet, malheureusement il n'y a de chambres libres qu'au quatrième étage, et pas de *lift* (1) pour y monter!... En compensation, nous y jouissons de la plus belle vue qui se puisse imaginer; aussi, voulant contempler de plus près la vallée qui se montre si ravissante d'ici, nous descendons sans retard, afin de profiter des dernières lueurs du jour.

Un sentier tortueux conduit sur la montagne qui domine l'Avon de plus de cent trente mètres; un pont suspendu, long de deux cents mètres environ, est jeté sur la profonde gorge où coule la rivière, et rejoint les montagnes qui couronnent les poétiques vallées des Rossignols (*Nightingale Walle*). C'est un panorama admirable. De vieux camps romains, une tour en ruines, dominant ces sommets, complètent l'idéal du tableau, devant lequel nous resterions plus longtemps à nous extasier, si le froid et l'obscurité ne nous rappelaient le bon repas annoncé.

Nous rentrons en toute hâte, espérant bien revenir demain, charmer encore nos regards, tandis que Mary prendra le croquis du site.

Maintenant, un excellent dîner nous est servi, il faut y faire honneur, puis nous gravirons nos cent marches.

Adieu, je plie ma lettre dans le Dining-Room, où trente Anglais achèvent silencieusement leur souper sans oser nous regarder.

Adieu, je t'embrasse tendrement.

(1) Ascenseur.

Ce matin, le temps est beau, nous jetons un sympathique
et dernier regard sur ce magnifique pays, et la voiture nous
ramène à Bristol que nous voulons visiter dans la matinée,
puis nous y embarquer pour Cardiff, qui doit être notre
point de départ du Comté de Galles. Quelques anciennes
églises sont les seuls monuments intéressants de Bristol.
La ville n'est pas plus agréable en plein jour qu'à la nuit;
aussi n'y faisons-nous pas long séjour; et, après y avoir
déjeuné tant bien que mal, nous nous rendons au débarcadère, situé presque au-dessous du pont que nous avons
admiré à Clifton, car ce faubourg domine complètement
Bristol. Le cours d'eau qui était à sec hier soir, est maintenant un large fleuve, et la marée montante y amène de
grands navires, ce qui rend l'aspect encore plus attachant ce
matin, où le soleil, se levant radieux, nous montre les rives
de l'Avon dans toute leur beauté. D'un côté, les rocs à pic,
couronnés de leur verte parure et de leurs vieux castels; de
l'autre, les vallées fraîches et boisées, tout est pittoresque, tout est délicieux.

Après une heure d'attente, que Mary emploie à prendre
des croquis, le bateau à vapeur qui doit nous transporter,
aborde. Quel n'est pas notre étonnement! C'est l'arche de
Noé qui nous servira de nacelle; chevaux, bœufs, vaches,
brebis, chiens et bien d'autres bêtes couvrent le pont; il
faut enjamber par-dessus le dos des moutons, et nous voilà
enfin assises au milieu de ces troupeaux. Devant moi est un
vieillard malpropre, dont les yeux écorchés font peur; une
femme plus sale encore, la figure couverte de mal, me fait
soulever le cœur; deux hommes qui infectent, boivent à
pleins verres à mes côtés; je ne saurais rester à cette place,
cette vue hâterait le moment où le mal de mer doit venir,
aussi, je m'empresse de descendre dans le salon. Ce salon,

n'est qu'une chambre sombre qui sent horriblement mauvais ; et, n'y pouvant demeurer, je m'empare vite d'un pliant et je remonte plus vite encore sur le pont où, m'adossant de mon mieux, contre une petite cabine, et tournant le dos à mes premiers voisins, je n'ai plus pour vis-à-vis que mes chères compagnes, et pour horizon que l'eau et les cornes de bœufs, qui montent et descendent en cadence avec chaque mouvement du bateau. Bientôt ces oscillations produisent un effet général ; des nausées se font entendre de tous côtés, et les résultats sont abondants ; je n'ose plus tourner les yeux vers l'endroit où le pont s'est couvert d'une écume exhalant une odeur nauséabonde, et je fixe ardemment mes regards sur ces cornes qui se balancent sans cesse. Mon estomac est très bouleversé, cependant j'espère que nous arriverons sans être plus indisposées.

L'Avon se jette dans la Severn, que nous traversons bientôt dans toute sa largeur, c'est un superbe fleuve que la Severn ; nous en apercevons à peine les deux rives, dès l'embouchure de l'Avon et à mesure que nous avançons, il nous semble être en pleine mer, car c'est l'immensité de l'Océan que nous contemplons. Mille navires se croisent ; les uns partent, les autres remontent le fleuve, une forêt de mâts se montrent au loin, dans la rade de Cardiff, où notre petite arche de Noé, après sa lente navigation de trois heures, entre enfin dans le Toff, affluent de la Severn, et y jette l'ancre.

Cardiff, est une affreuse petite ville qui n'offre rien de curieux, si ce n'est la Tour du Guet, d'origine normande.

Aujourd'hui, cette ville est très animée, parce qu'il y a une réunion d'architectes, qui s'y donnent un banquet ; et, précisément, ils se réunissent dans l'hôtel où nous descendons *Cardiff's Arms hotel*. C'est le meilleur établissement de la cité, ce qui ne parle guère en faveur des autres, car il est très malpropre.

L'affluence, causée par la fête, a encombré toutes les

chambres, il ne peut y en avoir qu'une à notre disposition ;
les lits y sont durs comme des planches, et je crois qu'on
n'en a pas changé les draps qui sentent mauvais et sont
tout froissés ; cependant, la maîtresse d'hôtel assure qu'ils
sont propres, il faut donc s'en contenter ; mais, ayant peu
confiance en sa parole, j'aurai soin de me coucher à peu près
tout habillée.

Avant le dîner, voulant profiter d'une belle soirée, nous
montons en voiture et allons visiter, dans les environs,
Llandoff, village situé dans un endroit charmant qui possède
une belle cathédrale et une ancienne tour, où fut enfermé
Robert de Normandie, fils de Guillaume le Conquérant. Le
cocher qui nous conduit, parle le gaélique ; lors qu'il veut nous
répondre en anglais, il semble avoir la bouche remplie de
farine, c'est très difficilement que nous le comprenons.
Nous ne pouvons nous empêcher de rire des efforts qu'il
fait en répétant les mots dont les sons inarticulés ne peuvent
être saisis, aussi, tout en louant sa bonne volonté et sa
complaisance, nous continuons de nous divertir à ses
dépens.

Ce brave cocher, me voyant désirer une liane attachée
à la vieille tour, s'est élancé sur la muraille, et, avec un
niais sourire, m'a présenté cette branche, que je conserverai dans mon album, car, tu le sais, j'emporte une fleur
de tous les endroits que nous visitons.

La fin de notre promenade n'est point agréable, loin de là ;
la route prise au retour, n'offre de ce côté aucune perspective, il nous tarde de rentrer, nous sommes un peu fatiguées ;
je ne dînerai même pas ce soir, et je vais me reposer. A
demain. Adieu !...

Vendredi, 7 Août.

Que faire, pour occuper notre matinée dans ce vilain endroit? Le train ne partira qu'à onze heures ; en attendant ce moment, nous errons par les rues boueuses, regardant les boutiques dont peu méritent l'attention, nous achetons quelques biscuits pour le voyage, puis nous rentrons prendre le mauvais déjeuner qu'on nous a préparé. Enfin, l'heure désirée arrive à notre grande satisfaction, et nous voilà en route pour Chester.

Ce sera toute une journée de chemin de fer, puisque nous traverserons le pays de Galles, du sud au nord, dans toute son étendue. Nous partons.

Le temps est toujours froid, il pleut, le ciel est sombre comme les terres de cette contrée ; de tous côtés s'élèvent des monceaux de houille; des trains, chargés de charbon de terre, se croisent sur une multitude de rails établis dans les montagnes; des fournaux immenses jettent des gerbes de flammes vers le ciel, tandis que des torrents de cendres, rouges comme des laves embrasées, descendent sur les flancs des énormes tas de décombres qui entourent les usines ; des ruisseaux roulent leurs eaux noirâtres en serpentant sur un sol tourmenté et stérile ; des hommes, couverts de suie, apparaissent de loin, comme de lugubres fantômes dans la profondeur des ravins, ils semblent être des hôtes de l'enfer, animant sans relâche les fournaises ardentes.

C'est un aspect tout nouveau pour nous, et par conséquent, très intéressant, tout donne à cette contrée un air étrange, sombre, fantastique; on se croirait dans le dédale des demeures infernales.

Nous traversons Merthyr-Tydfil, dont les hauts-fournaux produisent plus de quarante mille quintaux de fer par semaine; c'est cette vaste exploitation, jointe à celle de la houille, qui occupe toute la contrée, mais qui ne lui donne pas une apparence gaie.

Peu à peu, nous nous éloignons de ce sol de fer et de charbon; l'horizon s'éclaircit, la pluie cesse, la campagne reprend sa fraîche parure, et bientôt, le train s'arrête à Hereford. C'est une ville grande et d'un aspect charmant, que nous avons à peine le temps d'entrevoir, car nous sommes de nouveau lancées à toute vapeur, avec une rapidité vertigineuse, qui ne nous permet guère d'admirer le paysage.

Le train s'arrête après deux heures d'une course effrayante, nous sommes à Shrewsbury, jolie ville, propre et coquette, arrosée par la Severn. Nous apercevons de notre wagon, la gracieuse vallée et les belles promenades qui s'étendent sur les bords du fleuve, mais on ne nous laisse pas longtemps en contemplation; le sifflet retentit, et nous courons de nouveau, avec la même rapidité; aussi, ne pourrai-je pas te décrire la campagne, ma chère amie, je n'en puis distinguer aucun détail; elle me semble d'ailleurs assez uniforme. Ce que je remarque en passant, c'est une troupe de sauteurs de corde qui s'ébattent dans un pré, une foule innombrable les regarde avec curiosité. Cette circonstance, me diras-tu, ne t'offre guère d'intérêt; il n'en est pas de même, je te l'assure, pour des voyageuses immobiles sur des coussins depuis plus de huit heures, le moindre incident distrait, et ces saltimbanques nous plaisent infiniment en ce moment.

La nuit descend sur la campagne, ma bonne amie, l'horizon qui s'était éclairci, se couvre de nouveau, il est temps d'arriver. Heureusement, le train entre en gare à Chester. Montant bien vite en voiture, nous nous faisons conduire à l'hôtel Grosvenor où le joli et vaste appartement qu'on nous destine nous fera oublier l'horrible chambre de Cardiff.

Il pleut à torrents, les rues sont devenues des rivières, mais nous sommes à l'abri et toutes en parfaite santé.

Adieu, je t'embrasse.

Samedi, 8 Août. Manchester.

Ma bonne amie, aujourd'hui notre journée est plus accidentée que celle d'hier ; quand nous passons huit ou neuf
heures renfermées dans un wagon, il nous semble avoir
gardé la chambre ce jour-là. Mais, depuis ce matin, nous
n'avons pas cessé de changer de place.

Avant huit heures, nous étions à parcourir les rues de
l'antique Chester qui est d'origine bretonne. Les maisons
et tous les édifices sont en briques rouges, la cathédrale
possède de jolis vitraux, et le vieux château, devenu caserne,
est encore imposant. Nous avons tout vu, même le marché,
d'où nous emportons des fleurs ; mais la ville n'est pas
grande ; à neuf heures, nous la quittions, l'ayant parfaitement visitée et la trouvant gaie, très peuplée, charmante.

Comme de coutume, un aimable chef de train nous a
mises sous clef, et nous sommes arrivées fort agréablement
à Birkenhead, où nous devions nous embarquer pour Liverpool. Le soleil s'était montré radieux à notre réveil et il nous
a accompagnées complaisamment pendant la traversée de la
Mersey, qui forme une baie superbe, servant de port à Liverpool et à Birkenhead.

Mille grands navires se croisaient dans toutes les directions,
sur les flots agités de ce beau fleuve. Les bateaux qui ne
servent qu'à passer d'une rive à l'autre sont d'énormes steamers, pouvant résister à la violence des vagues.

Bientôt Liverpool s'est montré à nos yeux dans toute sa
splendeur. La rade est magnifique ; cette ville est la plus
commerçante de l'Angleterre après Londres.

Ayant déposé nos bagages à la gare, nous nous sommes
empressées de monter en calèche pour parcourir les splendides quartiers qui pourraient être enviés par une capitale ; nous
avons visité les quais, les docks de cet immense port, et nous
étions dans l'admiration la plus sincère, quand une averse

épouvantable est venue calmer notre enthousiasme et nous inonder durant plus d'une demi-heure. Il nous a fallu nous tenir empilées les unes sur les autres, au fond de notre voiture, devenue impuissante à nous garantir de la pluie torrentielle que le vent nous lançait en pleine figure. Nous riions de bon cœur, en voyant nos mines transies et nos vêtements ruisselants ; heureusement, cette pluie n'a pas duré longtemps.

Ces coups de vents sont fréquents sur les bords de la mer, et il fallait s'y habituer. Le soleil s'étant bientôt montré de nouveau, nous avons pu examiner à notre aise les magnifiques navires se balançant sur leurs ancres dans la rade, les innombrables steamers fendant les flots en tous sens, et Birkenhead montrant sur l'autre rive ses larges docks et ses blanches falaises. Cette vue est splendide.

Liverpool possède une foule d'établissements remarquables; les voies sont larges, les maisons hautes, l'ensemble est celui d'une ville belle et riche.

Vers cinq heures, dirigeant nos pas, ou plutôt notre voiture, vers la gare, nous avons pris le train pour Manchester où nous arrivons accompagnées par le froid et la pluie. Mais *Queen's hôtel* que nous choisissons, est excellent, les lits y sont parfaits, la cuisine est aussi bonne qu'en France, et pour compléter notre satisfaction, tous les *waiters* (1) parlent le français, de sorte que nous allons nous croire, durant quelques heures, dans notre chère patrie.

Adieu, ma toute belle, je t'embrasse et te remercie de montrer tant de plaisir de recevoir le récit de notre voyage, cela me prouve que tu es heureuse de me voir satisfaite, et que ton bon cœur ne sait pas envier, mais aimer.

Je compte toujours sur cette affection sincère, comme tu comptes sur la mienne.

Adieu.

(1) Les garçons d'hôtels.

Quel détestable jour que le dimanche en Angleterre, ma chère amie !

Je voulais t'écrire hier, mais je n'avais rien d'intéressant à te dire, car nous avons passé la journée à l'anglaise, c'est-à-dire, à manger et à bâiller ; or, tu sais que les plaisirs de l'estomac ne peuvent me contenter, et ce sont les seuls qu'il soit permis de goûter ici, le jour du Seigneur. Rien n'est ennuyeux comme cette vie ; s'il me la fallait subir longtemps, je serais bientôt attaquée du spleen. En parcourant les rues désertes le dimanche, nous rencontrions quelques femmes, se glissant furtivement le long des maisons ; et portant des pots pleins de je ne sais quelle liqueur, qu'elles allaient, sans doute, savourer en silence et en cachette, pour célébrer, à leur manière, le saint jour.

Tout en flanant dans les rues de Manchester, nous avons visité un aquarium assez bien garni, puis un jardin, appelé parc, quoiqu'il n'y ait aucun ombrage. Des pierres de taille, lourdement placées les unes sur les autres, sont disposées dans ce jardin pour y simuler des rochers. Il serait utile, nécessaire même, d'inscrire sur ces pierres : « rochers à remarquer ! » Il n'y avait personne sur cette promenade, personne dans les rues. Les maisons noircies ont un aspect triste. Le ciel, couleur d'ardoise, n'égayait pas cet ensemble, qui eût été peut-être tout autre, par un beau soleil, ou par un jour ouvrier.

Manchester est très grand, les monuments sont vastes, les fabriques très considérables, et les magasins fort renommés ; mais, le dimanche, tout cela n'est rien, tout dort ; et, comme nous avons quitté la ville ce matin, à neuf heures, nous n'avons pu jouir de cette animation, et nous emportons de Manchester une triste impression.

Ce qui nous a paru bien étrange hier, c'est le discours

public que chaque secte se permettait. Des hommes de différentes croyances, un livre en main, prêchaient sur plusieurs points de la place où est situé l'hôtel que nous habitions. Ces gens attiraient une grande foule qui écoutait pieusement les exhortations de ces singuliers apôtres. Ce matin, au réveil, nous avons toutes été enchantées d'être au premier jour de la semaine, nous avions donc devant nous six jours pendant lesquels on serait éveillé.

Ayant pris des billets pour Glasgow, nous sommes parties heureuses à la pensée que nous coucherions ce soir en Écosse. Le temps contribuait à nous réjouir, le soleil resplendissait et nous n'avions pas froid. Le train s'est arrêté quelques instants à Preston, jolie ville, très industrielle, sur la Ribble ; tout y paraissait riant sous les rayons étincelants de toute part sur ses toits, ses jardins et ses eaux.

Mais la locomotive a continué bientôt sa marche, et nous avons repris nos places et nos occupations habituelles : nos deux fillettes jouant et gazouillant comme deux oiseaux, Mary s'absorbant dans la lecture, leur mère, toujours aimable, passant de la conversation à la lecture, et, tout en faisant ses observations sur les sites que nous apercevions, ne perdant jamais de vue ses chers enfants et veillant avec sollicitude à ce que tout aille au gré de leurs désirs ; et moi, le livre et la carte à la main, voyant tout, observant tout, et tâchant d'être utile à l'occasion ; mais, en voyage, l'or seul est nécessaire, à moins que ma compagnie et mon amitié soient considérées comme telles, ainsi que me le dit souvent ma gracieuse amie.

Vers une heure, nous approchions de la Lune, le croiras-tu ma toute bonne ? Oui, nous approchions de la Lune, le train a même passé par-dessus ; et, comme fatigué de sa course, s'est arrêté subitement : nous étions à Lancaster. Regarde ta carte, tu y trouveras notre route.

Ayant deux heures à stationner là, nous en avons profité pour déjeuner ; nos estomacs complaisants se prêtent aux circonstances, ils semblent comprendre qu'en voyage il ne faut pas de caprices ; aussi, dès que nous leur offrons un repas, fût-ce dès le matin, à midi ou à minuit, ils sont toujours bien disposés.

Après avoir satisfait notre appétit, nous avons visité la ville qui est insignifiante : un ancien château y a été transformé en prison, c'est le seul monument offrant quelque intérêt. Près de la ville, le canal de Kendal et de Lancaster traverse la Lune sur un large aqueduc, ces cours d'eau égayent l'aspect de l'endroit qui ne mérite guère d'ailleurs, qu'on s'y arrête : les rues sont étroites, tortueuses, les maisons, peu élevées, sont toutes construites en briques rouges.

L'heure du départ étant arrivé, la voiture nous a ramenées à la gare, juste au moment où une bourrasque de vent et de pluie éclatait sur la ville, ce que nous avons pu voir à l'aise et à l'abri, dans notre wagon. On s'est bientôt mis en marche, ou plutôt à la course, car nous allions si rapidement que c'était effrayant ; à peine pouvions-nous distinguer ce qui se trouvait sur le passage.

Cependant, à Kendal, j'ai remarqué un château en ruine : c'est celui où naquit Catherine Parr, l'une des épouses de Henri VIII ; ensuite, il nous a été impossible de voir autre chose, car le train semblait redoubler de rapidité de minute en minute. Vers cinq heures, il s'est arrêté à Carlisle, ville très ancienne, sur l'Eden. Là, plusieurs trains se forment, tous les voyageurs descendent de wagon, et chacun prend la direction qu'il désire.

Nous étions sur la frontière de l'Écosse ; déjà les physionomies avaient changé, il y avait plus d'animation dans les conversations, plus d'amabilité sur les visages.

Une foule de chasseurs, suivis de magnifiques chiens, encombraient la voie et causaient gaiement.

Quelle différence avec les gares de Londres ! Là tout court au trafic ; ici, tout vole au plaisir.

Une cloche a annoncé le départ, toutes les portières se sont fermées ; et, à toute vapeur encore, le train s'est élancé vers Glasgow. Deux dames étaient dans notre compartiment ; elles ont été charmantes, gracieuses et polies. Le trajet nous a paru très court malgré la présence de ces étrangères, et peut-être même, à cause de leur présence.

Nous avons franchi une station nommée *Gretna-Green;* c'est la véritable frontière entre l'Angleterre et l'Écosse. C'est là qu'autrefois, les jeunes anglais, contrariés dans leurs désirs allaient se marier, selon la loi écossaise. Ils n'avaient qu'à déclarer qu'ils voulaient être mariés. Leurs noms et ceux de leurs témoins étaient alors enregistrés, et la cérémonie était terminée. Le mariage était conclu.

En approchant de Glasgow, la nuit nous a empêchées de jouir du paysage. Les nombreux fournaux qui avoisinent cette ville produisent, dans l'obscurité, un effet effrayant et superbe. De toutes parts étincelaient des foyers immenses, d'où s'échappaient des flammes ; des trains chargés de matières encore rougies par le feu, nous croisaient incessamment ; on eût dit que nous courions au milieu d'un vaste incendie dont la ville entière était la proie. Cette vue était fantastique dans l'obscurité complète. Nous nous sommes bien promis de visiter, demain, ces usines immenses, qui produisent, nous dit-on, vingt-quatre millions de quintaux de fonte et à peu près autant de fer forgé par an. Nous irons voir également les métiers à vapeur pour la fabrication des étoffes de laine et de coton ; il y en a, je crois, plus de vingt-cinq mille à Glasgow.

Adieu, ma très chère, il est tard, je t'embrasse et t'expédie ma lettre ce soir même.

ÉCOSSE

Mercredi, 12 Août.   En Écosse.

Nous voilà lancées dans les excursions, ma bonne amie ; tu me diras, certainement, qu'il te semble nous y voir depuis notre départ. Eh bien ! non, ce n'était qu'une voie directe : chemins de fer, steamers, boats ; aujourd'hui, nous voilà par monts et par vaux, dans un pays peu battu, sinon par les intrépides higlanders dont nous allons suivre l'exemple.

Hier matin, il pleuvait ; je crois que ce pays est voué à l'eau. Nous avons quitté l'hôtel pour nous rendre à Greenock, et de là, à Inverary. La route nous a paru monotone ; le chemin de fer côtoie la rive droite de la Clyde. Une demi-heure a suffi pour arriver à Greenock. Le bateau allait partir.

Faisant donc hâte, chargées de nos sacs, nous avons couru au port où, heureusement, nous avons pris des informations avant de mettre le pied sur le navire. Je dis, heureusement, car l'ancre a été levée immédiatement, et ce navire est parti pour la pleine mer ; nous eussions donc été emportées sur l'océan, sans en avoir la moindre envie. Le bateau d'Inverary ne devait partir que le lendemain.

Il ne nous restait qu'à revenir à Glasgow, où notre après-midi serait plus agréable qu'à Greenock, lieu n'offrant rien de remarquable. Reprenant donc nos sacs de voyage, nous sommes revenues à la gare, et le train de deux heures nous a ramenées à notre hôtel.

Nous avons profité de ce retard pour visiter la ville qui est fort belle ; cependant, j'en ai trouvé l'aspect très triste, par suite, sans doute, de la teinte sombre des maisons, des monuments, du ciel gris qui planait au-dessus, et de l'épaisse boue qui couvrait les pavés.

Tu sais que le temps influe sur l'humeur, aussi, je me sentais toute morose; ces pluies, ces nuages noirs, ces gens inconnus que je vois en tout lieu, me donneraient le spleen si je n'avais l'aimable société de mes amies.

Nous n'avons guère eu d'ailleurs le temps de nous laisser aller à cette maussade influence, car nous avons visité, avec le plus vif intérêt, les gigantesques établissements de *Saint-Rollox, Cheminal Works* et *Townsend*, où l'on fabrique des produits chimiques; puis la belle cathédrale dont la crypte est fort remarquable; cette crypte s'étend sous le chœur à l'ancienne maison du chapitre; c'est absolument une église souterraine, parfaitement conservée; les voûtes sont soutenues par d'énormes piliers, les vitraux, très beaux, sont plus modernes que la crypte, qui date de 1240. Près de la cathédrale, s'élève la nécropole; c'est la plus intéressante qu'on puisse imaginer. Un cimetière, tu le sais, n'a jamais attiré mes regards, mais celui-ci ressemble à une ville bâtie sur une montagne; des allées sinueuses conduisent jusqu'au faîte et sont bordées de monuments de formes si variées, si gracieuses, qu'il faut en être bien près pour y reconnaître des mausolées. Il y a des dômes, des colonnes, des statues, des obélisques, des coupoles, en un mot, une variété qui donne à cette cité des morts l'apparence de la vie, et presque de la gaieté; aussi, nous en sommes-nous éloignées, le sourire aux lèvres.

Il pleuvait, je te l'ai dit, cette pluie n'a point cessé de toute la journée, et quand nous sommes rentrées, hier soir, nous en étions un peu fatiguées.

Ce matin, il pleut encore; nous allons cependant faire une excursion, car il est inutile d'attendre le soleil. Je t'écris en suivant un joli sentier qu'un beau ciel bleu rendrait ravissant. La voiture roule depuis deux heures, nous

sommes sur les terres de Lord Douglas et nous nous arrêtons devant son château, dont le portail s'ouvre comme par
enchantement.

Un parc superbe s'étend autour du manoir, il nous faut
mettre pied à terre, ou plutôt à l'eau, pour parcourir les
allées. La pluie a redoublé, les sentiers sont devenus des
ruisseaux, et les prairies des marais, où nos pieds s'en-
foncent jusqu'à la cheville ; nous marchons bravement,
comme des higlanders, moins leurs bottes, qui nous seraient
cependant bien utiles en ce moment, mais nous n'y pensons
même pas, nous ne voyons que les ruines grandioses, à
mille pas de nous, et nous voulons, non-seulement les
voir, mais les toucher, grimper sur ces murs à demi-ren-
versés, et y cueillir quelques branches des lierres qui
couvrent ces pierres séculaires.

Ce sont les ruines de l'antique château de Bothwell, époux
de Marie Stuart. Tu comprends, chère amie, que ce n'est
point notre amour pour cet homme, qui nous pousse ainsi,
par ce temps affreux, jusqu'au pied de son vieux castel,
mais les touristes sont pris de vertige quand ils s'approchent
d'un site pittoresque, d'une ruine où gît un souvenir
historique, d'une pierre ou d'un tronc d'arbre auquel
s'attache un souvenir intéressant : et nous sommes de vraies
touristes.

Nous voilà donc toutes transies, grimpant sur ces célèbres
tourelles, et arrachant les mousses qui y sont attachées ;
et, la pluie qui fait rage, ne nous empêche pas d'admirer le
site superbe où s'élevait ce château. Un parc aux arbres
séculaires l'entoure de trois côtés, le quatrième angle
domine la Clyde qui, dans un profond ravin, roule ses flots
sombres et agités. Aucune autre habitation n'est aperçue
d'ici : c'est sauvage, c'est beau, c'est triste. Que de crimes
ont pu être commis en ce séjour ! Que de victimes ont pu
disparaître dans les lugubres souterrains qui descendent
jusqu'au fleuve....

Mille pensées sombres se pressent dans mon imagination toujours prête à rêver; mais, les torrents d'eau qui nous inondent, nous rappellent à la réalité, et nous revenons à notre voiture, aussi mouillées qu'en sortant d'un bain, et

MARIE STUART

cependant, j'aurais consenti à me mouiller davantage, si c'était possible, plutôt que de m'être privée de voir les imposantes ruines du château Bothwell.

Bientôt, nous passons sur un pont, près de Catheart

Castle, place où l'armée de la reine Marie fut défaite par
le régent Murray; c'est un château aujourd'hui en ruine.

Plus loin est le château *Cadzoa Castle*, sur la rive gauche
de l'Avon, dans une situation charmante. Notre voiture s'y
arrête, et un vieil intendant, horriblement laid, nous
reçoit. Je ne sais quelle langue il parle, mais c'est en vain
qu'il nous adresse la parole; nous ne comprenons pas ce
qu'il dit; je crois pourtant qu'il cherche à expliquer que
le duc, son maître, ne veut pas qu'on visite sa demeure,
et comme nous désirons précisément la visiter, nous avons
l'air de ne pas saisir le sens de ces mots, et nous insistons
pour obtenir la permission d'entrer. Ce brave homme, dont
le caractère est, sans doute, peu aimable, s'irrite et répète
inutilement ses explications. Malgré sa mauvaise humeur
visible, et peut-être même à cause de cette humeur, Mary
contient à peine son envie de rire, et ses sœurs éclatent
franchement. Il est vrai que la situation est assez comique :
cette conversation entre cet affreux petit homme, gesticulant et grimaçant, et des dames qui ne le comprennent pas,
paraît devoir être interminable ; il marche, nous le suivons;
il s'arrête, nous en faisons autant; il parle, nous le regardons et les enfants rient de tout leur cœur ; j'ai bien envie
d'en faire autant et mon ami aussi, mais, craignant
d'irriter davantage ce maussade intendant, nous n'insistons
plus et remontons dans notre voiture, en emportant un
billet qu'il nous a remis pour qu'on nous laisse visiter le
parc du duc d'Hamilton.

Ce parc est immense, comme tous ceux des Grands d'Angleterre, mais le château est assez simple, sauf l'entrée,
dont le large péristyle est soutenu par plusieurs colonnes
de granit. Ce qui me déplaît dans cette habitation, c'est la
vue du tombeau de famille qui s'élève dans le parc, non
loin du château ; quoique ce monument soit beau, je trouve
qu'il attriste la demeure principale. L'entrée de ce tombeau
se trouve au fond d'une galerie où l'on arrive après avoir

traversé une vaste enceinte que gardent deux lions couchés sur des piédestaux ; il y a trois portes, au-dessus desquelles sont des figures représentant le Temps, le Silence et l'Éternité ; un vaste dôme recouvre cet imposant sépulcre où les défunts dorment à l'ombre des arbres gigantesques qui étendent leurs branches luxuriantes vers ce lieu de repos, comme pour abriter dans la tombe ceux qui leur ont donné la vie.

Ne voulant pas parcourir ce beau parc dans toute son étendue, vu le temps affreux et l'état d'humidité dans lequel nous sommes, nous retournons vers notre équipage, mais, avant de monter en voiture, nous entrons chez la *housekiper* (1), qui fait un bon feu pour sécher nos vêtements et nos chaussures.

Maintenant, nous nous dirigeons du côté de Glasgow, étant toutes gelées, mais enchantées de notre promenade ; et, quoique nous soyons contrariées de la température de ce pays, nous ne la changerions pas contre la chaleur de Bordeaux, car notre voyage est des plus intéressants, et notre santé est toujours parfaite.

Adieu, mon amie, je t'envoie mille tendresses.

Jeudi, 13 Août.   Inverary.

Quelle délicieuse journée nous avons aujourd'hui, ma bonne amie !

Nous désirions voyager en voiture découverte, et le ciel a eu l'amabilité de retirer son rideau sombre et de se montrer radieux et azuré.

Glasgow nous a vues partir ce matin, à huit heures ; nous l'avions parfaitement visité, et nous emportions de cette ville le meilleur souvenir. Comme nous avions vu la

(1) Concierge.

rive gauche de la Clyde, en allant à Greenock, nous avons préféré suivre la rive droite de ce fleuve qui suit presque continuellement le chemin de fer, et nous en avons vu l'embouchure superbe, nommée *the firth of Clyde*. Le chemin de fer n'est construit que jusqu'à Hélensburgh, petit bourg situé à l'entrée du lac Gare. Là, deux grands bateaux à vapeur se balançaient sur leurs ancres que des marins étaient occupés à lever.

Nous nous sommes empressées de prendre place sur le premier steamer, et pendant que nous nous informions si nous étions bien sur le *boat d'Inverary*, l'autre s'éloignait lentement; c'était précisément celui que nous désirions.

Ne va pas croire, ma chère amie, que cela ait été une contrariété pour nous, au contraire; le bateau sur lequel nous avions pris place, partait pour Dunoon, autre point du lac, pouvant également servir de voie pour Inverary; c'était donc simplement changer de route, et nous en fûmes enchantées, puisque la circonstance nous procurait une superbe promenade, qui n'était pas sur notre itinéraire, comme cela nous était déjà arrivé.

Les rives du *firth of Clive* sont charmantes, et le brillant soleil qui s'était levé si resplendissant, rendait tout riant sur notre passage. Une heure a suffi pour arriver à Dunoon où nous avons déjeuné en attendant le véhicule qui devait nous porter jusqu'au lac Fyne. Nous avions eu soin de commander une voiture découverte; aussi avons-nous pu jouir complète- ment de la vue ravissante qu'offrent non seulement les ri- vages que nous quittions, mais encore les environs et tout le pays que nous avons traversé; pays si pittoresque, si gra- cieux, si frais, que nous n'avons cessé de l'admirer toute la journée.

En quittant le joli bourg Dunoon, notre équipage est entré en rase campagne et a côtoyé successivement la rivière Eck qui serpente comme un ruban argenté, sur de vertes prairies émaillées de fleurs, et va se jeter dans le lac du même nom, dont les eaux, transparentes sur les bords, deviennent sombres vers le milieu, par suite de la grande profondeur du lac. L'ombre des beaux arbres penchés sur le versant d'une montagne qui longe la rive gauche de ce lac, se reflète dans ses eaux et plusieurs îlots couverts de végétation égayent ce lac solitaire; nous en avons baptisé cinq de nos propres noms, en recommandant à notre conducteur, de les nommer toujours ainsi aux voyageurs qui viendront faire cette excursion.

Vers deux heures, une halte a eu lieu, afin de laisser reposer les chevaux auxquels on a fait boire du lait pour les rafraîchir. Nous avons profité de ces quelques minutes pour cueillir des fleurs, ramasser de jolis petits cailloux dans le lac, et contempler à loisir l'ensemble délicieux de ces rives charmantes, bordées alternativement d'ombrages touffus, de collines verdoyantes et de hautes montagnes au pied desquelles serpente continuellement la route étroite que nous suivions.

Bientôt, remontant en voiture, nous avons atteint la jolie petite rivière Cur, et en avons suivi le cours assez longtemps; enfin, vers quatre heures, nous mettions pied à terre devant une petite auberge, formant tout le village de Sainte-Catherine. Là, il nous a fallu attendre le passage du bateau à vapeur, pour traverser le lac Fyne, car Inverary se trouve sur l'autre rive. Nous eussions bien pris une petite barque pour partir immédiatement, mais la craintive Amélie, tremblait tellement, que sa bonne mère a acquiescé à son désir, et ce n'a été que vers cinq heures, qu'un steamer nous a transportées à l'endroit d'où je t'écris. C'est Inverary, charmant village qui s'étend au bord du beau lac Fyne, ou plutôt de la baie Fyne, puisque ses eaux remontent avec la marée bien au-delà d'Inverary.

Nous sommes descendues à *Argyll Arms' hôtel*, l'établissement le mieux tenu de ce lieu. La maison, vaste et propre, a tout-à-fait l'air d'une riche ferme; le propriétaire, homme d'un âge très mûr, nous a reçues avec une bonhomie, un intérêt si étonnant dans un maître d'hôtel, que nous avons craint, un instant, d'être chez un brigand; mais c'était pur jugement téméraire, car, après s'être informé de notre itinéraire, il nous a indiqué les meilleures voies pour l'accomplissement de notre voyage, et il s'est même chargé de télégraphier à Bannavie, afin que nos chambres y fussent retenues, et qu'ainsi nous n'eussions aucun ennui en arrivant à ce point extrême de nos pérégrinations en Écosse.

En voyant ce vieillard suivre sur la carte la route qu'il nous indiquait si complaisamment, on eût dit un bon oncle, préparant avec sollicitude à ses jeunes nièces, une voie sûre et agréable.

Après s'être chargé de tous nos préparatifs du départ de demain, il nous a fait promener dans ses granges, dans ses jardins, ses basses-cours; nous a fait voir son renard, ses vaches, ses voitures, etc., etc. — Il me semblait vraiment être devenue l'hôte d'un vieil ami.

Mais le temps s'est couvert, il a fallu rentrer. La nuit étend rapidement son voile sombre sur les eaux du lac, qui montent en ce moment, et dont le mouvement monotone me berce déjà. Mes amies sont depuis une heure dans les bras de Morphée; je te dis adieu, et je vais les rejoindre.

Vendredi, 14 Août.   En voyage.

Je t'écris en route aujourd'hui, ma bonne amie, tu vas donc partager notre fatigue ou notre plaisir. Le temps n'est pas beau comme celui d'hier; on nous a donné une voiture couverte, car la pluie tombe pressée et froide, et nous voilà en route, dès neuf heures, à travers forêts et montagnes, nous résignant à cette pluie, puisqu'elle est habituelle sur la côte occidentale de l'Écosse et que nous aurons, sans doute, souvent un temps semblable.

Deux heures; notre équipage s'arrête et nous mettons pied

à terre à *Port Duncan*, sur les rives sauvages du lac Awe, que nous côtoyions déjà depuis quelques heures. Ce lac est très grand, on me dit qu'il a huit lieues de long sur deux de large, il est très remarquable par la beauté des sites qu'offrent ses environs, et surtout, par l'aspect triste et solitaire de ses eaux sombres, que rien n'égaie. On n'aperçoit aucun bateau sur ce lac, c'est la solitude absolue. Nous sommes tellement transies que nous demandons du feu au petit hôtel qui se trouve au point de relai; puis, y ayant pris une tasse de thé, en nous chauffant les pieds, nous nous rendons sur le rivage, en compagnie d'une dame anglaise et de ses enfants qui ont lié conversation avec nous, et semblent heureux de pouvoir placer les quelques mots de français qu'ils connaissent.

Une nouvelle voie de locomotion nous est offerte : on fait entrer chevaux, voitures et voyageurs sur un large bac, et six hommes, aux bras vigoureux, mettent en mouvement le lourd bateau qui a bientôt atteint l'autre rive. Nous montons de nouveau dans notre voiture, les chevaux y sont attelés immédiatement et reprennent leur trot uniforme, à travers plaines et vallées, où nous n'apercevons pas un seul être humain. De tous côtés, s'élèvent des montagnes arides, sur lesquelles des moutons, des bœufs, des chevaux en liberté, semblent être abandonnés; aucune culture, aucune habitation ne se montre à nos yeux.

L'aspect des Higlands est sauvage et grandiose; j'aime cette terre inculte et vierge; l'herbe y croît fraîche et touffue en certains endroits, tandis qu'en d'autres, le roc est nu. J'aime ces montagnes où les troupeaux paissent à l'aise; oui, j'aime ce pays où l'air et les eaux circulent sans contrainte dans de vastes vallées désertes.

Les quelques Écossais qu'on aperçoit sont jeunes et vigoureux. Ils ont l'air fier, le front haut, la démarche sûre et le regard franc. Ils sont beaux au sein de leur beau pays où ils ont conservé la simplicité et la pureté des mœurs primitives.

Nous atteignons le bord d'un autre lac, que nous suivons

en admirant encore : c'est le lac Etive, l'un des plus vastes de
toute cette contrée ; une quantité d'îles charmantes forment
un dédale au milieu de cette large baie, aux flots agités
comme ceux de l'Océan. Nous apercevons sur une pointe
avancée dans le lac, les ruines de l'antique *Dunstaffage-
Castle* ; sur un autre promontoire aride, s'élève le *Dunolly-
Castle*, et au loin, des montagnes qui se perdent dans la
brume.

L'énorme *Ben Cruachan* se dresse dans toute son imposante hauteur, malgré le brouillard qui l'enveloppe, de quelque côté que nos regards se tournent, tout est idéalement
beau ; aussi, quoique le temps soit mauvais, cette journée
sera une des plus intéressantes de notre voyage.

Nous arrivons à Oban, petite ville bâtie dans un site désert ;
devant nous est l'immensité des flots : l'Océan ; à droite
et à gauche des montagnes stériles se perdent dans le ciel, et
semblent posées là par le Tout-Puissant pour arrêter l'im-
pétuosité des vagues. On se sent sur un des points extrêmes
du Globe ; et nous restons rêveuses devant cette grandeur
imposante de la nature ; nous admirons et notre contemplation est telle que nous oublions un moment toutes les pré-
occupations du voyage qu'il faudra cependant continuer avant
deux heures.

Enfin, détournant à regret nos regards de ce panorama
attachant, nous entrons à l'hôtel, où l'on nous sert un excellent repas, pendant lequel nous délibérons pour décider si
nous irons directement à Bannavie, ou, si nous ferons
d'abord une excursion à l'île Staffa et de là aux célèbres
grottes de Fingal (*Fingal's Cave*), dont on nous fait une superbe description. On nous dit que l'entrée de ces grottes se
compose d'une rangée de colonnes de basalte, hautes de 60 à
120 mètres, supportant une voûte de 200 mètres au-dessus
du niveau de la mer. Ces grottes sont excessivement profondes
et toujours remplies par les flots de l'Océan qui y font un bruit
effroyable. Ce doit être bien beau : une telle merveille est

bien tentante ; mais, pour s'y rendre, il faut une journée entière de pleine mer, et, lorsque le temps est mauvais, ce qui
arrive le plus souvent, les voyageurs ne peuvent quitter le

steamer, et par conséquent, font la traversée inutilement.
Tout bien considéré, nous pensons, et avec raison, que nous
aurions toutes le mal de mer, et que, probablement, cette

excursion, qui n'est pas d'ailleurs sans danger, ne nous donnerait que de la fatigue ; en définitive, il est décidé que nous allons partir pour Bannavie, où nous sommes attendues ce soir d'après le télégramme expédié d'Inverary.

De nombreux passagers attendent le départ du steamer qui ne tarde pas à lever l'ancre. Le vent souffle violemment, il fait froid, les vagues déferlent avec force sur la berge, et, je te l'avoue, je me sens heureuse que la décision de Mary nous pousse vers le Canal Calédonien, au lieu de nous porter à Fingal. C'est elle que sa mère avait laissée maîtresse de choisir, en dernier ressort, et elle a été bien inspirée de ne pas nous entraîner vers Staffa et Sky. Le steamer qui nous emporte est superbe : c'est un navire capable d'affronter les tempêtes de l'Océan, sur lequel il s'avance loin chaque jour. Ces lacs, ou plus exactement ces golfes, dont il fait le service, éprouvent des coups de temps terribles ; mais aujourd'hui, nous n'y ressentons qu'un vent furieux, qui nous oblige à nous envelopper la tête et à nous étendre à plat sur le pont, pour n'être pas emportées dans l'espace ou dans l'eau ; cependant, cette tourmente ne dure guère ; bientôt, le calme se fait, et nous pouvons jouir tranquillement de la vue de ces rivages si pittoresques, si accidentés, de ces groupes d'îles si fraîches qui apparaissent, comme par enchantement, au contour de chaque cap, au fond de chaque échancrure, ou au milieu des golfes. Nous glissons entre ces îles, et traversons ainsi successivement les lacs Etive, Linnke, Leven et Ril qui sont autant de bras de l'Océan, s'avançant profondément dans la côte occidentale de l'Écosse.

Une nuée d'oiseaux suivent notre navire et ajoutent à la poésie du tableau. Ne redoutant point les pronostics qui disent que c'est un mauvais présage, nous aimons à les voir battre des ailes en nous accompagnant, et prendre délicatement sur les flots, les miettes de pain que les enfants leur jettent.

Le voyage nous est si agréable, que c'est avec peine que nous le voyons toucher à son terme. La nuit descend peu à peu du faîte des montagnes sur les eaux qui s'assombrissent de plus en plus, bientôt nous ne distinguons que les voyageurs assis à nos côtés. Maintenant, il nous tarde d'arriver. Le second du navire, petit homme, à l'œil vif et franc, se montre très complaisant pour nous ; il s'occupe de nos bagages et nous recommande de nous arrêter, au retour, à Ballacbulish qui, dit-il, est un des points les plus intéressants de l'Écosse. Nous ne manquerons point de suivre son avis. La nuit est complète, quelques lumières brillent au loin dans l'obscurité, c'est le port de Bannavie.

Notre petit capitaine, auquel nous avons parlé de notre dernier voyage et d'un prêtre écossais, Mac-Donald, que nous avions rencontré à Rome, nous remet, en nous disant adieu, une lettre pour ce prêtre qui est précisément un de ses amis. Quelle rencontre imprévue ! Nous sommes enchantées à la pensée de retrouver, au fond de ces vallées sauvages, ce missionnaire dont nous avons conservé un si bon souvenir ; et, tout en remerciant notre aimable pilote, nous débarquons sur le port où deux grands omnibus attendent les voyageurs, et les transportent, en peu d'instants, à l'hôtel.

Notre chambre y ayant été déjà retenue par dépêche, nous n'avons qu'à nous y installer ; mais, avant de me livrer au repos, je plie ma lettre, chère amie, pour te l'expédier dès ce soir.

Je t'embrasse donc des rives du canal Calédonien, et je vais m'endormir bercée par le vent qui souffle dans la montagne.

Adieu !...

Samedi, 15 Août.

Quelle triste matinée du 15 Août ! Il a plu à verse continuellement, et cela, je le crois, a contribué à nous mettre toutes en mauvaise disposition.

Dès huit heures, il nous a fallu aller entendre la messe à vingt milles d'ici, au *Glen Finnen*, et le détestable temps que nous avons eu dans cette excursion, a contribué à changer le plaisir en ennui. Il y a eu fatigue, malaise, que sais-je? le voyage, en un mot, a été désagréable. La pluie et le vent nous ont accompagnées sans relâche.

Après trois heures d'une marche pénible, sous une pluie battante, la voiture s'est enfin arrêtée devant un charmant presbytère, bâti au bord d'un lac, et entouré de serres admirablement garnies. Nous étions étonnées de trouver cette habitation luxueuse au sein de ces montagnes, et nous l'avons été encore plus en en voyant sortir une jeune servante qui, avec une civilité parfaite, nous a offert de nous conduire à l'église, où la messe était déjà commencée.

C'est un site des plus pittoresques que celui où s'élève cette petite église ; figure-toi un promontoire perdu au fond d'un large golfe, dont les vagues viennent s'étendre et mourir sur une fraîche pelouse qui croît de ce côté, au pied de la montagne, tandis qu'elles fuient et disparaissent à l'autre extrémité, en suivant les sinuosités de la vallée. C'est sur ce promontoire qu'est bâtie la chapelle.

Nous avons été charmées de cette vue délicieuse, et nous l'eussions considérée plus longtemps, sans l'horrible pluie qui nous obligea à entrer dans la petite église. Il en était temps d'ailleurs, car la cérémonie, ainsi qu'on nous l'avait dit, était commencée. C'était une fête de première communion. Une jeune fille modestement voilée, priait avec recueillement au pied de l'autel ; au moment de la communion, elle s'avança vers la sainte Table accompagnée de son père, bel Écossais, à l'air loyal, et de son frère, enfant de quinze à seize ans. Le père et le fils, ainsi que tous les hommes de l'assistance, portaient le costume national ; ils paraissaient absorbés dans la contemplation simple et naïve d'une foi profonde. Aucun d'eux ne s'aperçut de notre présence, et pour ne pas les troubler, nous nous retirâmes silencieusement dès que la messe fut dite, laissant ces bonnes gens psalmodier une litanie, dans une langue tout à fait incompréhensible pour nous.

Nous revînmes alors au presbytère, espérant y trouver dans le curé, ce Mac-Donald, que nous avions rencontré à Rome, l'an dernier; mais le pasteur, qui porte d'ailleurs le même nom, n'est point celui que nous cherchions; le domestique nous apprit que notre vénérable prêtre habite une paroisse fort éloignée de *Glen Finnen;* nous en fûmes contrariées, car nous ne pouvions plus espérer le rencontrer.

Nous remontâmes alors en voiture, et reprîmes le chemin de Bannavie.

Malgré la pluie, le retour a été plus agréable que le départ, et nous avons admiré avec enthousiasme le pays magnifique qui se déroule sur cette côte accidentée.

Nous étions à l'une des extrémités du lac Shiel, et traversions l'étroite vallée qui le sépare du lac Ril. Là, sur un tertre isolé, le pied battu par la marée montante, s'élève un monument érigé en mémoire de Charles-Édouard, dernier des Stuart qui, dans cet endroit sauvage n'ayant d'autres témoins que Dieu, les eaux et les montagnes, jeta le dernier cri d'alarme, l'appel suprême à ses partisans.

Le lieu avait été vraiment bien choisi pour rester inconnu; il semble qu'aucun être humain n'ait pu suivre ces sentiers impraticables qui forment un dédale effrayant, semblant aller se perdre dans la profondeur des ravins ou dans les sombres eaux du lac. C'est beau d'isolement, mais c'est d'une tristesse qui glace le cœur.

Tout en admirant cette nature sauvage dans toute la grandeur de sa majesté primitive, nous sentions que l'habitant de ces montagnes doit aimer la liberté plus que la vie, et nous comprenions les luttes sanglantes qu'il a fallu soutenir pour la lui ravir.

Nous avons suivi la rive droite du lac Ril, dans presque toute sa longueur; de nombreux oiseaux aquatiques semblent avoir élu domicile sur ces rivages déserts ; nous les regardions lisser leur plumage, puis se percher sur une de leurs longues pattes, en se cachant la tête sous l'aîle pour dormir, et le roulement de notre calèche ne les effrayait pas le moins du monde ; le flot venant mourir sur la grève, ne les troublait pas davantage, et l'abondante pluie dont le ciel nous gratifiait, semblait les bercer dans leur sommeil ; tout cela était plein de charme, mais la pluie torrentielle nous faisait désirer de rentrer le plus vite possible à Bannavie, où, ne voulant point passer une seconde nuit, il nous fallait régler nos comptes avant le départ du soir, car, demain étant un dimanche, nous y eussions été bloquées, et cette perspective ne nous souriait guère. Pressant donc nos chevaux, nous arrivâmes bientôt à l'hôtel, et après y avoir déjeuné et terminé nos préparatifs, nous montâmes en omnibus et nous rendîmes à l'embarcadère, d'où un bateau à vapeur devait nous transporter à ce Ballachulish, si vanté hier par le petit capitaine.

Nous avions devancé l'heure du départ, et, ne voulant pas rester sur le pont du navire, où le balancement causé par les vagues nous eût rendues malades, nous avons employé l'heure d'attente à examiner le canal Calédonien, œuvre, la plus gigantesque que l'esprit humain ait pu concevoir. Ce canal relie cinq lacs et fait communiquer l'Océan Atlantique avec la Mer du Nord.

Les eaux de tous ces lacs n'étant pas de niveau, il a fallu des travaux immenses pour les y maintenir, on y est parvenu au moyen d'énormes écluses établies de distance en distance, et qu'on ouvre au passage des navires. Deux gros bâtiments allaient entrer dans le canal, et nous en attendions l'ouverture impatiemment, tout en cueillant çà et là, les rares fleurs qui croissent entre les rochers ; j'étais même fort anxieuse pour en trouver de jolies, car je tiens à en rapporter de tous les lieux que nous visitons ; j'étais donc en recherche, lorsque mes yeux remarquèrent

de belles marguerites s'étalant à quelques pieds au-dessus
des eaux entre les rocs qui servent de digue à ce magnifique canal. C'eût été folie de chercher à les atteindre,
aussi, je me contentais de les contempler d'un œil d'envie,
lorsqu'un charmant écossais, voyageur comme nous, s'approcha de moi et m'offrit de cueillir ces fleurs qui me
paraissaient agréables. Je le devinai plutôt que je ne le
compris car il parlait le scotch, mais l'amabilité se rend
intelligible dans toutes les langues.

Joignant aussitôt l'action à l'offre, il s'étendit sur la
terre, la tête penchée au-dessus des eaux, puis allongeant
une adroite main, saisit et arracha le bouquet désiré.

Effrayée de la téméraire entreprise de mon bel inconnu,
je m'étais baissée auprès de lui, et lui posant la main sur
l'épaule, je l'avais maintenu avec force, car je craignais de
le voir plonger dans le canal.

Tu te serais certainement divertie, ma chère amie, en me
voyant dans cette position ; c'était très romanesque, c'était
vraiment comique, et lorsqu'il me remit les marguerites, il
me dit en souriant de bien charmantes choses, sans doute,
mais je ne pus les comprendre ; alors il alla s'asseoir silencieusement à l'écart, emportant mes remerciements et ma
sympathie.

Quelques instants après, nous voguions vers Ballachulish
où nous sommes arrivées avec la pluie, à cinq heures
environ.

Le débarquement s'est opéré promptement, et la foule
s'est précipitée vers la seule voiture qui attendit les voyageurs. Ce véhicule sur lequel il fallut nous hisser à l'aide
d'une échelle, fut bientôt envahi ; on grimpa de tous côtés,
les dames prirent des places sur les bancs ; quant aux messieurs, il y en avait partout ; sur la capote de la voiture, à
califourchon sur le dos-des-banquettes, devant le siège du
postillon, ou debout, ou accrochés à l'arrière du *coach*, (1)

(1) Voiture, carrosse.

bref, il semblait que tout cet échafaudage allât dégringoler, mais il n'en fût rien ; les chevaux partirent au grand trot, emportant plus de soixante personnes, qui riaient toutes de bon cœur en se voyant dans un tel équipage, et inondées, à qui mieux mieux, par la pluie qui avait redoublé pour nous accompagner jusqu'à l'hôtel, où, heureusement, on arriva en peu de temps.

La bande joyeuse escalada les échelles, et chacun se présenta devant une grosse majordome qui indiquait les numéros des chambres retenues d'avance.

Il n'y a qu'un hôtel en cet endroit, et nous n'avions pas télégraphié ; aussi, avons-nous eu un instant d'anxiété, mais enfin, on nous a donné une grande chambre, dans laquelle il y a trois lits ; le froid y est excessif, et je me sens si fatiguée, que j'ai laissé descendre mes amies pour le dîner, et que, toute transie, je me suis mise au lit, d'où je t'écris.

Causer avec toi est un délassement, car l'amitié que tu me témoignes, m'est bien douce.

Adieu ! je vais tâcher de dormir. Mes yeux sont gonflés, j'ai la tête lourde, et je ne peux me réchauffer. Il me tarde que ma bonne amie remonte, car j'ai presque peur ; une haute montagne s'élève derrière notre fenêtre et est, en ce moment, enveloppée d'un nuage sombre ; un homme, ivre probablement, pousse des cris épouvantables, et est entraîné dans un étroit sentier par deux autres hommes, entre les bras desquels il se débat ; le vent hurle dans les longs corridors et la pluie mêle son bruit monotone à celui du clapotement du lac ; je frissonne, mais j'entends monter mes compagnes, et je ferme ma lettre.

Je t'embrasse, comme je t'aime, de tout cœur.

Adieu.

Dimanche, 16 Août.   Ballachulish.

Avant de me livrer au sommeil, ma chère amie, je veux te dire quelques mots, non pour te raconter une aventure intéressante, mais pour détendre mes nerfs agacés par l'immobilité forcée où nous met le dimanche. Notre journée s'est écoulée si lentement, qu'elle nous a paru un siècle.

Figure-toi une soixantaine de personnes étendues sur des sofas ou dans des fauteuils, et lisant, ou plutôt dormant depuis ce matin!... Pas un son de musique n'a été entendu, pas une conversation ne s'est faite à haute voix; pas un livre récréatif n'a paru; pas une voiture n'a été disponible, pas un cheval n'a marché; bref, le jour du Seigneur est bien endormant, bien assommant dans ce pays! Encore, s'il y faisait beau temps! mais il y pleut sans cesse! Ce matin, il nous a fallu renoncer à entendre la messe, car notre hôtel, le seul de la contrée, est à trente milles de la plus proche église, et les voituriers ne voulaient pas faire travailler leurs chevaux. Nous avons donc pieusement dit nos prières, dans notre chambre, tout en regardant tomber la pluie. Pour nos pieds légers et notre sang vif, l'immobilité est chose fatigante; aussi sommes-nous sorties, malgré l'averse, pour admirer le site magnifique qu'occupe Ballachulish sur un bras de mer, nommé lac Leven.

Ce pays est beau, d'une beauté idéale!

Ces eaux sombres, entourées de hautes et vertes montagnes, d'où les nues descendent en pluies torrentielles, ces brouillards épais, enveloppant d'un voile mystérieux toute la vallée; ce mouvement régulier des vagues sur la berge, tout est plein d'un charme indéfinissable dont on subit l'empire, sans s'en douter; on devient peu à peu rêveur, mélancolique; il semble qu'au contour de chaque sentier, au sommet de chaque montagne, du fond de chaque vallon solitaire, va surgir le héros de quelque roman.

Je comprends facilement que les Écossais aient l'imagination ardente et le cœur brûlant, car les grandes passions se nourrissent au désert.

Quant à nous, nous ne pouvons guère nous laisser aller longtemps à ces impressions, ne faisant que passer, en courant, sur ce sol poétique. En ce moment, le froid nous rappelait que nous sommes françaises. Après une heure de promenade, nous sommes rentrées à l'hôtel, par des sentiers si boueux, que nous avons été obligées de gravir le sommet d'une crête de rochers qui longe la mer, et, quoique un peu tremblantes, nous avons cependant suivi cet étroit et périlleux chemin, pour éviter la fange.

Un jeune homme, qui revenait de visiter les ardoisières qui se trouvent dans Ballachulish, s'approcha de nous et nous offrit la main pour nous aider à regagner la route; mais, la pluie redoublant, il nous fut impossible de continuer notre excursion, et nous fûmes obligées de rentrer le plus vite possible.

Dans la soirée, nous avons tenté quelques sorties sur la plage pour ramasser des coquillages, mais, vu le temps, toujours affreux, il a fallu y renoncer. Alors, nous avons écrit quelques lettres, et le dîner est venu faire diversion à la monotonie de la journée. Le repas nous a été servi une heure après celui de table d'hôte, car nous avions été en retard; ensuite, étant entrées au salon, nous y avons trouvé une famille anglaise, assez aimable, avec laquelle nous avons causé quelques instants; puis, l'on s'est dit adieu, et chacun s'est retiré silencieusement dans son appartement. Demain, ces soixante personnes qui ont passé cette journée ensemble, sans presque se regarder, partiront toutes, allant probablement vers des points bien opposés.

Image de la vie : on se rencontre un jour, puis on se sépare pour jamais !

Maintenant, nous sommes dans notre grande et froide

chambre; tout dort déjà dans l'hôtel, et, quoique je n'aie guère besoin de repos ce soir, il faut que je te quitte.

Adieu, ma toute bonne, j'espère que ma prochaine lettre sera plus intéressante.

Lundi, 17 Août.   Tarbet.

Les jours se suivent et ne se ressemblent pas, ma chère amie, en voici la preuve : hier, nous sommes restées presque immobiles, aujourd'hui, nous n'avons pas cessé de nous mouvoir.

Dès les premières clartés du jour, nous étions sur pied, car il fallait partir à sept heures. La pluie tombait encore à torrents, ce qui ne nous laissait guère espérer un agréable voyage, mais il eût été inutile d'attendre le beau temps.

A l'heure fixée, un immense mailcoach était devant l'hôtel, et il a été bientôt envahi par les nombreux voyageurs qui encombraient l'établissement.

Nous commencions déjà à craindre de rester à Balla-chulish, faute de trouver place dans le véhicule, lorsque le voiturier, auquel nous avions parlé hier soir, pour qu'il nous procurât un moyen de transport, nous assura qu'il y avait une voiture spéciale pour nous; et, en effet, à peine le grand coach avait-il disparu derrière la montagne, qu'un break découvert s'avança devant la porte. Par le temps qu'il faisait, cette voiture nous parut peu confortable; néanmoins, nous nous y sommes installées en riant, car notre humeur, généralement gaie, sait transformer les ennuis du voyage en événements divertissants.

Deux messieurs ont pris place à nos côtés; on a étendu sur nos genoux une couverture de caoutchouc pour nous préserver de l'inondation, et les chevaux sont partis au galop.

Le ciel généreux répandait une pluie si serrée que notre couverture est devenue bientôt un lac, dont les eaux débordantes nous eussent envahies, si nos deux charmants compagnons n'avaient eu soin de les déverser à chaque instant sur le chemin. Nos parapluies, impuissants contre les torrents qui s'abattaient sur nous, formaient des ruisseaux, s'égouttant de toutes parts sur nos épaules, malgré les mille précautions dont nous entouraient nos deux voyageurs.

Eh bien ! ma chère amie, cette situation, qui ne doit pas te sembler attrayante, ne nous a pas ennuyées un seul instant, car il y avait trop de beautés autour de nous pour nous inquiéter du temps. La nature est si imposante dans cette contrée, que nous ne pouvions nous lasser de l'admirer. La vallée de Glencow surtout, est le point qui m'a le plus frappée ; je crois que je ne l'oublierai jamais. Cette vallée est si sauvage, si déserte, qu'elle est effrayante malgré sa beauté. C'est là qu'eut lieu un massacre horrible. En 1692, le 14 février, quarante chefs écossais y furent assassinés par des soldats qu'ils avaient reçus et hébergés pendant plusieurs jours. Ces traîtres obéissaient à des ennemis des Mac-Donalds, chefs de clans qui voulaient la liberté de l'Écosse. Ils avaient obtenu un plein pouvoir de Guillaume III contre les défenseurs de l'Écosse, et ils tuèrent ces chefs qui n'avaient pas voulu remettre au roi la soumission des braves Écossais. Le torrent qui court au fond de ce désert, roula les cadavres de ces malheureux, et vit rougir ses eaux de leur sang innocent. Ce souvenir nous fit frissonner ; il me semblait voir leurs ombres plaintives planer au-dessus de ces rochers abrupts, ou errer dans les brouillards qui couronnent éternellement les montagnes stériles dont la vallée est entourée, et d'où s'échappent de toutes parts, de bouillonnantes cascades qui viennent se confondre dans la profondeur des ravins et grossissent le torrent qui s'y précipite en flots d'écume, sur des rocs énormes, semés là comme au hasard.

Au sommet d'un pic altier se trouve une grotte profonde, qu'on dit être celle où Ossian, cet ancien roi des montagnes de l'Alben, ce célèbre barde écossais, s'inspira de ses plus beaux chants; c'est là que, seul, devant cette majestueuse nature, il croyait voir glisser à travers les brumes des lacs les ombres de ses pères, morts glorieusement sur les champs de bataille, ou entendre, dans les mugissements des tempêtes, le cliquetis des armes et les cris enthousiastes des combattants.

Oh! je ne m'étonne pas qu'une grande âme soit inspirée en ces lieux, car ils sont beaux, beaux d'une beauté inénarrable, qui produit une impression souverainement profonde et ineffaçable.

Tout me charmait, même cette pluie torrentielle que nous voyions s'élever en vapeurs légères au-dessus des torrents sur le flanc des montagnes, se condenser autour de nous, en nous enveloppant comme d'un manteau, et, traversée parfois d'un rayon de soleil qui la faisait resplendir de toutes les nuances de l'arc-en-ciel, venir, quelques instants après, tomber sur nous en pluie froide et serrée. Oui, tout me charmait, et je crois que, malgré la fatigue de cette journée, je n'aurais pas désiré le beau temps. La physionomie de ces montagnes doit être triste, c'est cette tristesse même qui en fait la poésie, l'attrait, le caractère.

Il nous a fallu plusieurs heures pour traverser la vallée de Glencow, mais notre voiture, plus légère que le coach, a bientôt atteint ce lourd véhicule, et s'est arrêtée au même relais pour changer de chevaux. Dans ce pays, les voyageurs doivent changer de voiture à chaque halte, vu la longueur des distances. Notre nouveau break était si étroit, que nous avions peine à nous y installer. Mary redoutait d'être assise auprès d'une affreuse vieille femme que nous avions prise en chemin, et, qu'en dérision, elle a surnommée la Déesse de Glencow. Cette pauvre voyageuse, comprenant sans doute qu'elle n'était pas la bienvenue, prit place près du cocher, et l'on se remit en marche.

Nous passâmes successivement au pied des Devils Staircase, des Pointes des Trois Sœurs à Hinshouse, où quelques chasseurs s'arrêtèrent; nous traversâmes The royal forest, the deer forest de Inveroran, où il y eut un nouveau changement de voiture. Cette fois, celle qu'on donna était si petite, que nos compagnons furent obligés de monter dans une autre *machine*, c'est le nom consacré ici à tout véhicule. Après un instant de repos, le voyage continua à travers un pays moins sauvage. Vers quatre heures, nous arrivions à Tindrum où il y a un chemin de fer. La locomotive donnait déjà le signal du départ, et tous les voyageurs se sont hâtés de prendre place dans le train qui s'est aussitôt mis en marche.

Nous étions seules dans un grand wagon-salon, et nous en avons profité pour mettre un peu d'ordre à nos toilettes. Mais, à peine en avons-nous eu le temps, car le trajet n'a duré que cinq à dix minutes. Nous étions à Crianlarich. Un mailcoach attendait l'arrivée du train, les chevaux attelés piaffaient impatiemment, tous les touristes coururent vers cette voiture qui fut prise d'assaut à l'instant; on y grimpa par des échelles, et cinq minutes n'étaient pas écoulées que nous galopions avec une vitesse inquiétante. Vu la situation élevée de nos sièges, nous pouvions atteindre aux branches les plus hautes des arbres qui, par suite de la rapidité de notre course, venaient nous fouetter la figure en secouant sur nos têtes les gouttes d'eau dont elles étaient couvertes.

Tout cela nous semblait charmant. Après nous être installées le mieux possible, nous regardâmes nos nouveaux compagnons de voyage, assis comme nous, à ciel découvert, sur le sommet de cette haute *machine*. Nous fûmes tout étonnées de nous trouver à côté du jeune homme qui nous avait offert la main pour sortir du sentier difficile de Ballahulish; il nous avait reconnues, et se montra fort complaisant. Nos vêtements étaient complètement mouillés, il prêta son manteau aux enfants et fut très aimable tout le temps que dura le voyage.

Il parlait le français avec un accent si ridicule, qu'il nous divertit beaucoup, mais il paraissait avoir très bon caractère, car il ne se fâcha point de notre gaieté, et fut le premier à rire de lui-même et de sa prononciation.

La conversation rendit le trajet plus court, trop court, car nous ne pouvions nous lasser d'admirer la route que nous parcourions, et nous n'avions aucune envie d'en voir si promptement le terme.

A cinq heures, la voiture s'arrêtait sur un charmant rivage tout émaillé de fleurs. C'était la rive d'un grand lac, du lac le plus joli de l'Écosse, du lac Lhomond.

Nous étions à Inverouran.

Le lac Lhomond offre un aspect très riant; ses flots, d'une teinte moins sombre que celle des autres lacs d'Écosse, s'harmonisent parfaitement avec les coteaux frais et boisés qui longent ses rivages.

Semblables à des oiseaux mouillés par une pluie d'orage, nous restâmes quelques instants au bord de l'eau, secouant nos vêtements humides et nous réchauffant aux pâles rayons du soleil, qui brillait en ce moment comme pour nous faire jouir du spectacle de son coucher. Ce n'était point cette imposante scène qui nous avait saisies au Righi, ce n'étaient pas ces neiges éblouissantes scintillant sous les feux mourants du jour à son déclin; non, ce n'était pas cette clarté extraordinaire des régions élevées, mais c'était une lueur douce, transparente, qui se glissait entre les montagnes comme en les enveloppant d'une caresse, faisait miroiter les touffes de verdure sur le penchant des collines, et venait s'étendre sur les eaux en les pénétrant si profondément, que les sommets environnants s'y reflétaient tout entiers.

Nous cueillîmes quelques fleurs sur cette rive lointaine, puis nous montâmes sur le bateau à vapeur, où la plupart

des voyageurs avaient déjà pris place. Peu d'instants après,
nous fendions légèrement les flots, rencontrant de nombreuses
îles qui surgissent comme par enchantement, tantôt
tout près des rives dont elles ne sont séparées que de quelques
mètres, tantôt au milieu du lac, comme de frais bouquets de
verdure semés sur les eaux. Parfois, nous passions si près
de ces îles charmantes, qu'il nous eût été facile d'y saisir
quelques rameaux. Tout à coup, le plus bel arc-en-ciel que
j'aie vu de ma vie, se forma au-dessus de nos têtes et vint
terminer sa courbe majestueuse sur le versant qui baigne son
pied dans le lac. Nous étions tous illuminés des couleurs de
ce superbe phénomène, que nous n'avions jamais contemplé
de si près : l'horizon semblait être sous notre main.

Notre admiration aurait voulu prolonger et le phénomène
et le voyage, mais la nuit mit terme à l'un et à l'autre, il
fallut songer à prendre gîte, et nous nous arrêtâmes à
Tarbet, lieu d'où l'on jouit de la plus belle vue sur le lac,
et sur le Ben-Lhomond, qui s'élève en face.

Nous sommes donc à Tarbet, ma bonne amie, ainsi que
te l'a dit la date de ma lettre, nous avons déjà pris possession
de nos chambres, et fait honneur au dîner de table
d'hôte qui attendait les touristes. Après le repas, j'ai même
eu le temps de prendre part à une partie de croquet que
plusieurs Anglais jouaient sur la pelouse, tout près de
l'hôtel; mais, ce jeu n'ayant guère d'attrait pour moi, j'ai
pris congé des joueurs pour venir causer avec toi, ce qui est
toujours un nouveau plaisir pour moi.

Adieu, je t'embrasse et t'écrirai d'Édimbourg, où nous
serons bientôt.

Mardi, 18 Août.   Edimbourg.

Il est dix heures du soir, ma chère amie, nous sommes
installées dans un bel appartement de l'*Hôtel-Royal*.

Avant de me livrer au repos, je veux te raconter notre intéressante journée.

Les nuages, semblables à une brume légère, enveloppaient l'horizon lorsque nous nous sommes levées ce matin, et pendant que nous étions dans la salle de l'hôtel, à prendre le déjeuner, nous avons vu avec peine que cette brume se transformait en véritable pluie. Cependant, nous aperçûmes sur le lac quelques rayons de soleil qui nous firent espérer le beau temps, et cet espoir fut partagé par ce charmant touriste dont je t'ai parlé, William Heel, que nous retrouvâmes au salon, où il se montra aussi aimable qu'hier. Il nous accompagna à l'embarcadère pour attendre avec nous le passage du bateau qui devait nous conduire de Tarbet à Inversnaid. On se dit adieu après quelques instants de causerie, et bientôt toute notre attention fût captivée par les rives délicieuses du lac Lhomond.

En passant devant un site fort pittoresque, on nous montra une grotte profonde, appelée *Rob Roy's Cave.* Cette grotte est creusée dans les rochers qui longent la côte, et ombragée par des bouleaux tremblants qui, se balançant comme des ombres au-dessus de cette caverne que Walter Scott a rendue célèbre, lui donnent un aspect fantastique.

Un peu plus loin, une bouillonnante cascade se précipite dans le lac en flots de blanche écume qui contrastent avec les sombres profondeurs d'où elle s'échappe. Cet endroit est un des points les plus beaux du lac, mais la traversée entière est si intéressante, que notre admiration ne cessa qu'avec elle, ou plutôt, elle continua toute la journée, car nous parcourions une des plus ravissantes parties de l'Écosse.

En débarquant à Inversnaid, nous trouvâmes des mail-coachs tout attelés ; la bande de touristes y eut bientôt pris place, et nous partîmes au grand galop, en suivant la route la plus romantique qui se puisse rêver.

A notre gauche, s'élevait une montagne couverte de mélèzes, de sapins, de chênes, de frênes dont les longues branches s'étendaient en dôme au-dessus du chemin, et formaient ainsi un large berceau de verdure. A notre droite, s'élevait une autre montagne couverte également de superbes arbres et au pied de laquelle roulait, en côtoyant la route, un large torrent dont les flots noirâtres, tantôt à découvert, tantôt cachés dans la profondeur du ravin, faisaient entendre un bruit saisissant.

Du faîte de notre voiture, nous nous penchions au-dessus de l'abîme, pour suivre des yeux le cours de ces eaux tourbillonnantes qui, se brisant contre les rochers, se transformaient en masse d'écume, et disparaissaient sous les ombrages touffus pour reparaître un peu plus loin, au travers d'un taillis, ou à l'un des nombreux contours du sentier.

Nous montions toujours; bientôt nous nous éloignâmes du lit du torrent dont le bruit nous suivit encore longtemps. La campagne prit peu à peu un aspect moins sauvage; un charmant petit lac dormait paisiblement au fond d'un vallon solitaire; nous en suivîmes quelques instants la rive, et peu après nous arrivâmes à Stronachlacher, village situé à la tête du lac Katrine.

Tous les voyageurs descendirent du sommet des lourdes *Machines* et attendirent sur le rivage le départ du bateau à hélice qui fait le service de ce lac.

Après une demi-heure environ de repos à l'hôtel bâti devant l'embarcadère, nous vîmes avancer lentement le petit boat attendu, et nous y prîmes place, en examinant attentivement ce lac charmant qui, moins étendu que le lac Lhomond, n'offre pas une vue moins pittoresque. Ces eaux limpides sont si pures, que Glasgow en tire son alimentation au moyen d'un aqueduc d'environ cinquante kilomètres.

La pluie ne tombait plus qu'à l'état de brume; des canards blancs voguaient au bord de l'eau comme sur l'étang d'une ferme, sans s'inquiéter du mouvement des voyageurs, qui paraissaient eux-mêmes aussi calmes que le paysage; aucune ride ne plissait la surface de l'eau, aucun souffle n'agitait le feuillage des bois environnants. Les Anglais, toujours calmes, faisant partie du tableau ; pas la moindre impatience ne se montrait dans la foule des touristes, pas un discours bruyant n'y était entendu : on admirait sans exaltation ou du moins sans cris d'extase, et je trouvais cela délicieux, car il est des jouissances que l'on ressent mieux dans le silence que dans le bruit.

Notre frêle esquif s'éloigna lentement de la côte, et nous continuâmes à contempler la nature dont la beauté ne lasse jamais.

La tête de ce lac est un peu uniforme, mais en arrivant à l'autre extrémité, l'aspect change complètement : une foule d'îles se montrent de tous côtés, offrant une ravissante variété de sites ; ici, des rochers escarpés s'élèvent à pic du sein des flots ; là, des dômes de verdure se reflètent dans les eaux ; plus loin, des bois de bouleaux, au feuillage léger, se balancent au gré du vent. La charmante île d'Ellen, citée dans *la Dame du Lac,* de Walter Scott, se détache entre toutes les autres, comme une reine, de ses suivantes, et la délicatesse de ses ombrages contraste avec la sévérité d'une immense forêt qui couvre le flanc des montagnes. De loin, le Ben-Venue domine cet admirable tableau, au milieu duquel nous voguions comme dans un dédale. Parfois le passage est si étroit, les rocs sont si élevés, et l'on s'approche tant de la rive, qu'il nous semblait toucher au terme du voyage ; mais, tout à coup, la voie s'élargissait devant nous, et le lac reparaissait dans toute sa grâce capricieuse et coquette.

De l'île d'Ellen jusqu'au débarcadère, on jouit d'un des plus beaux sites que nous ayons vus en Écosse, aussi avons-nous touché à regret la rive pittoresque de ce lac délicieux, dont nous allions perdre le tableau, mais non le souvenir.

En traversant un joli petit chalet rustique qui sert de débarcadère, j'ai cueilli quelques fleurs que je conserverai soigneusement. En jetant un regard d'adieu sur ces rivages poétiques, nous avons pris place dans une des voitures qui attendaient l'arrivée du bateau, et aussitôt tous les véhicules se sont mis en marche, chacun suivant la direction donnée par les voyageurs.

Notre mailcoach entra bientôt dans la sauvage vallée des Trossachs. Le ciel s'était éclairci, le soleil se montrait même brillant, et lorsque nous eûmes franchi la première partie de cette belle vallée, et que nous arrivâmes au bord du joli petit lac Achray, sur lequel des rayons radieux scintillaient, nous sentîmes une chaleur vivifiante qui nous fit admirer avec plus de joie la contrée que nous traversions. Nous vîmes encore un autre lac aux rives aussi gracieuses que celles du lac Achray, c'est le lac Venachar. La clarté du ciel miroitant dans ses eaux nous les fit paraître gaies, riantes; et les prés fleuris qui les entouraient nous rappelèrent que nous approchions enfin des terres habitées. Peu après, en effet, nous étions à Callender, charmante petite ville située sur le Teith, très animée par les nombreux touristes qui y passent pour en admirer le site.

Il y a un chemin de fer de Callender à Stirling; nous nous rendîmes immédiatement à la station, afin de partir de suite pour cette ville, que nous voulions visiter avant la nuit. Sur cette voie, les wagons de première classe sont des salons avec galeries en dehors, ce qui nous permit de jouir complètement de la vue du pays. Deux vieux messieurs avaient déjà pris place dans notre compartiment; ils se montrèrent très polis et causèrent beaucoup. Ils nous racontèrent la légende d'un château dont nous voyions les ruines sur le penchant d'une colline.

Le riant Callender eut bientôt disparu à nos yeux au fond de la vallée. A partir de ce point, les montagnes, de moins en moins élevées, prennent un aspect plus gracieux, et viennent mourir en pente douce sur les prairies. De nombreux troupeaux paissaient tranquillement auprès des fermes, des enfants folâtraient sur l'herbe fraîchement coupée, tout avait un air animé qui contrastait avec le pays sauvage et solitaire que nous avions parcouru depuis Glasgow.

En passant, nous avons remarqué les restes d'une cathédrale encore imposante; plus loin, le pont d'Allan, jeté sur une jolie rivière, et plusieurs cascades dont le murmure seul révélait la présence et que nos regards ne découvraient qu'à travers d'épais ombrages. Tout cela nous intéressait tant que le trajet nous a paru bien court : vers cinq heures, nous étions à Stirling. C'est là que Wallace vainquit les Anglais dans une célèbre bataille, en 1297. Cette ville, résidence privilégiée des anciens rois d'Écosse, est dans un site très pittoresque; le château est bâti à l'une des extrémités de la ville, sur la partie culminante. On y arrive par une côte rapide qui conduit aux portes crénelées, gardées encore par une troupe nombreuse. Les fortifications s'étendent sur une vaste étendue, et, du côté de la campagne, se dressent à pic sur le sommet d'une colline qui domine toute la contrée. Du haut des donjons, on distingue parfaitement le Ben-Lhomond, le Ben-Venue, le Ben-Ledi et le Ben-A'an; et l'on nous montra les Ochils, l'abbaye de Cambuskenneth, celle de Craig, le monument de Wallace et les bains de Brigd of Allan; notre cicérone nous indiqua une immense plaine qui fut, dit-il, le champ de bataille de Bannock'burn, où Robert Bruce battit les troupes d'Édouard II en 1314; et encore, il nous fit voir le lieu où Jacques III fut vaincu et tué par ses barons révoltés en 1488.

En admirant cet horizon splendide, nous étions donc en même temps transportées à une époque bien ancienne déjà, et j'aurais aimé à m'absorber dans tous ces souvenirs historiques; mais nous voyageons en touristes et non en historiens.

Dès notre arrivée à Stirling, nos deux vieux compagnons

de voyage, de plus en plus officieux, nous avaient conduites dans le meilleur hôtel de la ville, et, y ayant commandé le dîner, ils nous ont offert de nous servir de cicérone pour visiter le château, mais, leurs attentions nous devenaient importunes, aussi les avons-nous remerciés, et nous nous sommes rendues seules, en voiture, à ce château. Ces braves écossais y étaient arrivés avant nous et ils en visitèrent avec nous, toutes les curiosités, en nous rappelant les mille faits historiques qui s'y sont passés. Il fut pris en 1304, après un long siège, par Édouard Iⁿ d'Angleterre, puis plus tard, par Robert Bruce. Plusieurs rois d'Écosse y naquirent et y passèrent une partie de leur vie. Jacques IV y poignarda lord Douglas; Marie Stuart y résida; enfin, une foule de souvenirs s'attachent à ces murailles; aussi, était-ce avec un profond intérêt que je les contemplais et nous y serions restées plus longtemps si l'heure ne nous eût rappelé le moment du départ.

En sortant du château, nos deux vieux compagnons se querellèrent avec un des gardiens, relativement à quelques notions historiques qu'ils trouvaient inexactes; nous profitâmes de leur dispute pour remonter rapidement en voiture et rentrer à l'hôtel.

Je ne sais par où ces deux voyageurs passèrent, mais ils y étaient encore arrivés avant nous, et ils dînèrent à notre table, se montrant de plus en plus aimables, tellement que nous avions hâte de partir pour en être débarrassées. Nous réglâmes notre compte, et nous nous rendîmes à la gare; avant l'heure marquée. A notre grande surprise, nous y rencontrâmes William Heel, qui continuait, comme nous, son voyage, en touriste. Il parut enchanté de nous revoir. A six heures, il nous souhaita un bon voyage, nous fit monter en wagon, et un instant après, nous courions sur la route d'Édimbourg.

Nous venons d'arriver dans cette ville; avant de me reposer, j'ai voulu te donner de mes nouvelles. Maintenant, adieu, mon amie, je t'embrasse en souhaitant que ma longue épître t'amuse.

A la clarté du gaz, il me semble que la ville est belle, demain, je te dirai si je me suis trompée.

Vendredi, 21 Août.   Edimbourg.

Ma chère amie, nous allons quitter la capitale de l'Écosse, et c'est avec regret que nous nous en éloignons, car c'est la plus ravissante ville que nous ayons vue. Pour t'en parler, j'ai attendu le moment du départ, afin d'en avoir la connaissance parfaite, aussi puis-je te dire sciemment, que nous sommes ravies d'Édimbourg.

L'agréable impression que j'ai éprouvée en arrivant ici, n'a fait que croître à chacun de nos pas, dans cette charmante cité. Dès mercredi matin, mettant la tête à la fenêtre, en nous réveillant, nous avons été émerveillées de l'aspect de la ville. Devant nous, s'étendait un grand jardin traversé par la voie ferrée, et dominé par de superbes édifices : la Galerie nationale, la royale Institution, et le monument de Walter Scott, au faîte duquel est une statue représentant ce célèbre écrivain. De larges rues, ouvertes dans tous les sens, toujours animées par de nombreux équipages; des magasins superbes, beaucoup de mouvement partout, en un mot, la vie d'une capitale. Pour égayer ce beau panorama, un radieux soleil brillait au ciel; aussi, nos toilettes ont été vite terminées et nous avons commencé nos excursions.

D'abord, nous avons fait l'ascension de ce fameux monument de Walter Scott, fort remarquable dans son architecture gothique avec sa flèche se perdant dans les nues. L'horizon dont on jouit du sommet de cet édifice est splendide, mais nous étions tellement fatiguées d'avoir gravi d'abord, puis descendu plus de quatre cents marches, que

nous nous sommes installées en voiture pour le reste de la
journée.

On nous a conduites, premièrement à Holy-Road, où
résida longtemps Louis-Philippe pendant son exil. Nous
avons passé devant la maison de Jean Knox, mais sans
vouloir nous y arrêter, et nous sommes allées directement
au château. Une grande foule stationnait sur la place pour
attendre le passage du roi de Danemark, de son fils et de
sa fille, la princesse de Galles, dont les élégants équipages
étaient devant la porte d'honneur. Notre cocher fit arrêter
ses chevaux le plus près possible, et peu d'instants après, le
roi et ses enfants montèrent dans leur calèche, puis, saluant
gracieusement la silencieuse foule anglaise, ils passèrent à
nos côtés, nous adressèrent un salut tout particulier, et
s'éloignèrent.

Alors, faisant tout le contraire, nous approchâmes du
palais devenu visible par le départ des princes.

Cette demeure royale, bâtie par David Ier, en 1128, est
grandiose mais triste, comme le sont d'ailleurs, toutes celles
de l'Angleterre. Ici, le souvenir de Marie Stuart est saisissant, partout nous avons parcouru tous les appartements de
cette malheureuse reine ; là, est son lit ; là, sa table à ouvrage ;
là, son christ en émail, son prie-dieu, quelques chaises, une
boîte, un tableau, son charmant portrait, placé à côté de
celui de sa hideuse cousine Élisabeth, et celui de Henri VIII,
à la face rubiconde. Tout près, est la chambre où le favori
Rizzio fut assassiné, et l'escalier privé par où passèrent les
assassins ; puis, c'est l'appartement du malheureux Charles Ier,
encore garni de tous les meubles qui lui furent familiers.
Ces intéressants objets, ces souvenirs vivants nous auraient
retenues bien longtemps ; Mary et moi, nous y revînmes par
trois fois, mais le temps s'écoulait, il fallut nous éloigner de
cette triste demeure. Nous visitâmes la chapelle qui est en
ruine, mais ces ruines mêmes attestent l'ancienne beauté de
l'édifice. Ce fut avec un intérêt mêlé de tristesse que nous

y lûmes des épitaphes qui ont résisté au temps et à la dévastation; et, le cœur serré à la pensée de ces inconnus dont nous foulions aux pieds les cendres, nous nous sommes enfin éloignées de ce château royal.

Le soleil était si radieux, l'espace si beau devant nous, le ciel si bleu et l'horizon si vaste, que les tristes souvenirs, les rêves mélancoliques furent bientôt dissipés, et notre promenade continua fort agréablement. On passa devant l'abbaye de Holy-Road, en suivant une délicieuse route qui serpente sur la montagne, et nous arrivâmes bientôt au point culminant l'*Arthur 'Sseat*. De là, la vue est splendide; à gauche, deux petits lacs, le Saint-Mary's lock et Dunsapie lock, baignent le pied de la montagne, et semblent posés là, comme pour désaltérer les voyageurs qui les visitent et les nombreux oiseaux qui voltigent sur leurs bords. Nous suivîmes longtemps cette superbe route; puis, contournant la montagne, nous pûmes contempler différents sites, tous admirables, et la ville entière qui s'étendait à nos pieds. Au loin, dans la vallée, le joli village et le lac Duddingstone se dessinaient parfaitement, une montagne en cône paraissait sur le rivage de la mer, les Pantlands hills se perdaient à l'horizon, et des plaines immenses, arrosées par des rivières sinueuses, s'étendaient au nord.

Nous restâmes longtemps à admirer un si beau spectacle, puis, quittant enfin Queen's park et passant devant les ruines de la chapelle Saint-Antoine, jadis bâtie sur le flanc de la montagne, nous nous fîmes conduire au château des rois d'Écosse, perché comme un nid d'aigle, au sommet d'une aride montagne qui domine, non seulement la ville, mais encore toute la contrée, jusqu'à la mer. La vue qu'on a de cette forteresse est idéalement belle; elle embrasse tous les sites à la fois. L'intérieur de ce château est sévère comme le moyen âge, l'architecture est massive comme les armures de cette époque, mais la situation a été admirablement choisie.

C'est là que Marie Stuart donna le jour à Jacques VI d'Écosse ou Jacques Ier d'Angleterre ; nous avons vu la chambre où naquit ce roi, et nous avons regardé cette croisée, élevée de trois cent quatre-vingt-trois pieds au-dessus du sol, par laquelle on le descendit dans une corbeille, afin de le remettre entre les mains des Écossais qui voulaient le soustraire à ses ennemis. On nous a montré quelques joyaux de la couronne qui sont conservés dans une salle spéciale.

Il était tard, nous ne pûmes rester longtemps à les examiner, nous rentrâmes à l'hôtel en parcourant les magnifiques quartiers de la ville dont les maisons ressemblent à des palais. Les squares, les jardins, les nombreux édifices, le mouvement que l'on voit de tous côtés, tout fait d'Édimbourg une ville séduisante, telle était notre opinion dès le premier soir de notre séjour dans cette capitale.

Le lendemain matin, nous sommes parties de bonne heure pour une longue excursion. Notre calèche nous porta directement à la délicieuse propriété Huwthornden, ancienne demeure du poète Drumond, ami de Shakspeare. Cette propriété n'étant point une promenade publique, nous avons demandé des cartes d'entrée, que l'on se procure à la porte même, et nous avons pu franchir ce seuil que l'argent nous rendait accessible.

Une longue et ombreuse avenue nous a conduites à une maison de modeste apparence, qu'on ne laisse point visiter. Une gouvernante, vieille anglaise édentée, s'avançant alors vers nous, nous a expliqué la cause de cette réserve, mais il nous était impossible de comprendre un seul mot de son discours, complètement inintelligible en passant par son horrible bouche ; aussi, après lui avoir donné la pièce, avons-nous continué seules notre promenade.

La maison, ou plutôt le château, domine d'un côté la petite rivière North-Esk qui coule silencieusement, entre deux vertes collines, et disparaît plus loin sous les om-

brages, en murmurant si doucement, que lorsqu'on regarde
fuir ses ondes, on se sent bercé et porté à rêver. Je ne
m'étonne pas que Shakspeare, assis sous les beaux chênes qui
ombragent ce cours d'eau, ait composé des chants ravis-
sants, car tout y inspire des sentiments poétiques, et l'âme
est tout émue dans ce séjour si calme. Derrière l'habitation,
une cave profonde, cachée dans les rochers, est le but de
nombreuses visites; nous y entrâmes avec précaution, car
l'obscurité ne nous permettait pas de voir l'escalier qui y
conduit. Cette cave célèbre est le lieu où Robert Bruce
demeura longtemps caché, lorsque, en 1306, levant l'étendard
de la liberté et ne voulant point se soumettre à Édouard Ier,
il résista, n'ayant cependant encore, malgré son titre de roi,
ni état, ni même une ville en son pouvoir. Il vécut alors de
chasse et de pêche, errant de montagne en montagne, de
vallée en vallée, tout en appelant les Écossais sous les armes.
C'était dans ce lieu solitaire que, fatigué de ses courses, il
réparait ses forces, et c'est de là que ce lion s'élançant de
son antre, vint fondre sur les Anglais et les défit complètement près de Bannock-Burn.

Il avait bien mérité son nom de *Libérateur*, ce héros;
et ses compatriotes reconnaissants, le lui ont décerné avec
enthousiasme, car, de tous côtés, nous avons vu des statues
élevées en son honneur.

C'est avec l'esprit plein de ces souvenirs que nous péné-
trâmes dans cette caverne composée de trois caves qui
servaient, dit-on, à la promenade, au repos, et à la lecture
du héros. On montre dans le roc, des enfoncements qui
devaient ou pouvaient contenir les livres. Une étroite fente,
située au-dessus d'un puits, était l'entrée du souterrain;
un couloir humide et obscur, où suinte sans cesse une
eau glacée, était une autre issue cachée par les ronces, et
trois crevasses, percées dans le roc, laissaient pénétrer l'air
et permettaient à Robert Bruce de jeter au loin son regard
perçant sur la vallée. Je ne saurais dire avec quel intérêt

nous avons examiné jusqu'aux plus sombres places de cette grotte dont nous ne perdrons certainement pas le souvenir.

Nous descendîmes ensuite la colline en suivant un étroit sentier qui serpente entre des bois touffus, jusqu'à la rivière. Mille sources humectent le sol de ce frais versant, et vont unir leur cours paisible à celui du North-Esk qui coule au fond du vallon. Un pont rustique, jeté d'une rive à l'autre, nous permit de gravir la colline opposée comme nous avions descendu celle de Robert Bruce, en suivant encore un sinueux sentier, à peine tracé sur le roc, par les touristes qui, comme nous, viennent admirer ces lieux.

Sur le sommet de la montagne est le château, ou plutôt les restes du château de Roslin. Nous étions très fatiguées en y arrivant, car nous marchions depuis plus de deux heures, et ayant perdu l'habitude d'aller à pied, nous nous sommes assises avec délices sur ces ruines, d'où l'on jouit d'une vue charmante. — Mais, c'était la chapelle de Roslin que nous voulions visiter; aussi, après un instant de repos, avons-nous continué notre promenade.

Une troupe de jeunes filles et de jeunes garçons dansaient dans un vallon, riant, folâtrant, s'embrassant avec la franche gaîté qu'on ne trouve plus qu'aux lointains bocages. C'était plaisir de les regarder, mais nous étions si lasses qu'il nous eût été impossible de les imiter; notre seul désir était de terminer notre excursion et de retrouver notre équipage. Enfin, nous arrivâmes à la chapelle. Ce monument date de 1466 et appartient au style roman. Les décors sont d'un luxe d'ornementation fort remarquable; l'un des piliers nommé l'*Apprentice's piller* offre un intérêt tout particulier. On dit qu'il fut sculpté par un apprenti en l'absence du maître, et que celui-ci, à son retour, trouvant l'œuvre de son élève supérieure à la sienne, tua le jeune artiste dont il redoutait le génie.

Ce pilier est réellement fort beau; c'est une énorme colonne torse, soutenue et couronnée par des figures et

autres sculptures d'une finesse, d'un art parfait. L'église tout
entière est admirablement ciselée; l'architecte a placé en bas-
reliefs, son portrait et ceux de ses apprentis avec leurs mères.

Le jour commençait à baisser et nous étions bien loin
d'Édimbourg ; notre calèche qui, par un long détour, s'était
rendue au bourg de Roslin, nous attendait depuis longtemps,
mais avant de rentrer à la ville, comme c'était l'heure du
dîner, nous entrâmes dans un restaurant, espérant y trouver
un repas prêt. Il n'y avait rien à manger, et, la mine revêche
de l'hôtesse ne nous engageant point à attendre qu'on pré-
parât un dîner, nous donnâmes l'ordre au cocher de nous
ramener le plus vite possible à notre hôtel.

Une heure et demie nous suffit pour y arriver, car nos
chevaux dévorèrent l'espace; malgré cette rapidité, nous
fûmes en retard pour la table d'hôte, et plus encore pour le
théâtre où nous voulions aller ce soir-là.

C'est donc en hâte que nous avons terminé et repas et
toilette, et que notre complaisant cocher nous a conduites à
l'Opéra.

J'étais fort curieuse de voir jouer des Anglais, mais, je
n'en ai guère été émerveillée. On a exigé d'abord que nous
ôtions nos chapeaux, comme s'il se fût agi d'entrer
dans une salle de bal ; cependant, l'assemblée nous a paru
en tenue aussi simple que celle que nous portons dans nos
petits théâtres; mais ici, il est de rigueur de n'avoir pas de
chapeau sur la tête; il a fallu s'y conformer. La salle, assez
jolie, était mal éclairée. On a joué les *Rivaux* et une petite
pièce bouffe, le tout fort mal exécuté; le ton, les gestes, la
mise en scène, les voix, en un mot, rien ne nous a plu, et
nous étions si peu satisfaites, que nous n'avons pas attendu
la fin du spectacle.

En rentrant, nous étions plus convaincues que jamais
que la gaîté n'a pas été faite pour l'Angleterre, et que les
insulaires, nos voisins, seront toujours mieux en scène
quand ils ne voudront pas paraître plaisants.

6

Ce matin, nous avons fait plusieurs emplettes, puis parcouru encore et avec le même plaisir, les beaux quartiers de notre cher Édimbourg, que nous allons quitter, ainsi que je te l'ai dit, ma bonne amie, dès le commencement de cette longue lettre.

Nous partirons pour York à midi; le temps est beau, splendide même, ce qui nous fait encore plus regretter la poétique Écosse; mais il faut lui dire adieu; et, puisque nous ne pouvons y prolonger notre séjour, nous sommes enchanté qu'un chaud et radieux soleil nous accompagne.

Ton amie t'embrasse et t'aime toujours, adieu.

Samedi, 22 Août.   Londres.

Nous voilà de retour dans la Babylone moderne, dans l'immense Londres. Malgré l'heure avancée de la nuit, je ne veux prendre aucun repos, ma chère amie, avant de t'avoir parlé de ce que nous avons vu depuis notre départ d'Édimbourg.

Tu sais que nous avons quitté cette ville hier, à midi, emportant de notre belle Écosse le meilleur souvenir que puisse laisser une contrée étrangère.

C'est avec un esprit tout rempli de poétiques pensées, que nous avons pris place dans le wagon qui devait être notre salon jusqu'à neuf heures du soir.

A partir d'Édimbourg, le chemin de fer suivant les côtes élevées qui bordent la Mer du Nord, on peut donc étendre au loin ses regards sur l'immensité des flots et contempler les capricieuses vagues qui viennent se briser violemment sur les falaises, ou s'engouffrer entre les rochers, d'où elles rejaillisent en tourbillons d'écume, ou bien encore, toujours inconstantes, se gonfler lentement, et venir expirer mollement sur la grève.

Le soleil scintillait de toutes parts sur la mer, et la chaleur nous semblait si agréable, que nous avions presque oublié, tout en admirant ce beau spectacle, que nous étions en Angleterre. Mais, la première station nous rappela le pays que nous parcourions.

On était à Dumbar. Dumbar est situé sur les hauteurs de cette côte escarpée, et son vieux château a servi de refuge à Marie Stuart. D'abord, en 1566, lorsque, après l'assassinat de Rizzio, elle leva avec fermeté l'étendard royal, qui flotta fièrement sur la forteresse de cette ville, et vit la défaite de ses ennemis.

Elle y demeura encore quelque temps, lors de son mariage avec Bothwell.

Dumbar est célèbre encore par la bataille où Édouard Ier battit en 1296, les Écossais commandés par Baliol. En voyant les murs du vieux castel, Baliol, Wallace, Robert Bruce se présentèrent à mon souvenir et je me sentis aimer encore davantage le peuple Écossais qui n'a jamais hésité à verser son sang pour conserver sa liberté!

Un autre souvenir historique s'attache encore à Dumbar; sous Cromwell, en 1650, il y eut une terrible bataille, et j'allais en raconter le dénouement à mes jeunes amies, quand le sifflet de la locomotive nous avertit du départ, et détourna nos idées de ces luttes épouvantables.

Il nous était plus agréable d'examiner le pays du haut de notre observatoire, courant toujours sur des points culminants. Nous aperçûmes les ruines du château de Fast, dans un site sauvage, sur d'énormes rochers qui se dressent à pic au-dessus de la mer; plus loin, nous franchîmes l'embouchure de la Tweed sur un pont de 660 mètres de long et 44 mètres de haut; ce travail nous parut gigantesque quoique nous ne pûmes que l'apercevoir, car notre train allait à toute vapeur, et ne s'arrêta plus qu'à Newcastle.

Là, il y eut quelques instants de repos dont nous profitâmes pour nous rafraîchir; nous étions un peu fatiguées de la longueur du trajet et de la chaleur.

Nous eussions pu visiter la ville, mais notre intérêt pour le commerce et pour la houille n'était pas assez vif pour nous arrêter un jour à Newcastle ; aussi avons-nous repris nos places dans le wagon. Il ne nous restait plus qu'un désir : celui d'arriver à York.

A partir de Newcastle, la voie ferrée quitte les côtes, elle traverse la Tyne, sur un pont de fer élevé de 35 mètres puis, s'éloignant de la ville, elle s'avance dans les terres. Alors, les points de vue sont moins intéressants, le pays devient plat et monotone. La nuit d'ailleurs, ne nous permit bientôt plus de distinguer les objets, et ce fut avec une grande satisfaction, que nous entrâmes dans la gare d'York.

Il était neuf heures ; ayant télégraphié pour avoir des chambres confortables, dans le meilleur hôtel de la ville, nous étions tranquilles sous ce rapport ; et en effet, notre attente ne fut point trompée, nous y trouvâmes, non seulement un superbe appartement, mais encore les plus vastes, les plus moëlleux lits des Iles Britanniques. Cependant, comme rien n'est parfait sur la terre, nous fûmes bien couchées, mais mal nourries. Il semblait que la table dût être aussi succulente que les nuits douces en cet hôtel ; eh ! bien, on n'y mange point !... Les dames n'y ont pas de *dining-room*, (1) et, n'étant pas admises dans la salle des gentlemen, tu comprends sans peine la conclusion.

Quant à nous, mourant de faim, nous ne voulions pas comprendre, et nous demandions d'un ton fort sérieux, d'être services immédiatement, alléguant qu'ayant fait garder un appartement, le maître d'hôtel devait bien penser que nous ne vivions pas seulement de sommeil. Quelques instances que nous fîmes, il nous fallut renoncer à dîner, l'heure avancée ne nous permettant pas de chercher un autre hôtel.

Ainsi, ma chère amie, si jamais tu vas à York, ne descends pas à *Station hôtel*, souviens-toi que les hommes seuls ont le droit d'y manger.

(1) Salle à manger.

Nos bons lits nous firent bientôt mettre en pratique le proverbe : « Qui dort, dîne. »

Ce matin, ce n'a été qu'à regret que nous nous sommes levées pour aller visiter la ville ; mais, avant de commencer nos promenades, nous avons voulu déjeuner, c'était assez naturel n'ayant pas dîné hier. — On n'est pas matinal, en Angleterre, cela n'a rien d'étonnant, il y fait nuit presque toujours ! Les domestiques se frottaient les yeux et paraissaient ébahis de nous voir hors de nos chambres, à huit heures ! Quant au repas désiré, il était encore sans doute sur le marché, et, comme nous n'avions pas de temps à perdre, nous avons donné ordre de le préparer pour dix heures, et nous sommes allées voir la cathédrale, pour laquelle seule nous nous étions arrêtées à York.

Cette basilique est la plus belle de l'Angleterre. Les proportions de la façade occidentale et de l'intérieur sont imposantes ; ce monument mesure environ 174 mètres de long sur 78 de large et 35 de haut. Plusieurs mausolées superbes y sont érigés. L'orgue est fort renommé, nous l'eussions entendu volontiers, mais notre départ, fixé à midi, ne nous permettait pas d'attendre l'heure de l'office, et nous quittâmes le superbe temple en déplorant, comme cela nous est arrivé souvent pendant notre voyage, de voir nos églises devenues la possession des protestants. Pour nous consoler, nous entrâmes dans une petite chapelle catholique qui, semblable au lis de la vallée, s'élève modestement à côté du cèdre superbe, et une prière fervente monta de nos cœurs au ciel, pour demander la conversion de nos voisins d'outremer, et, par conséquent, la restitution de toutes leurs belles cathédrales au culte qui les a élevées.

Ayant terminé notre pieuse invocation, nous allâmes en voiture visiter la ville qui est fort ancienne puisqu'elle date de l'an 70. Septime Sévère y avait construit un palais qui n'existe plus ; on ne peut remarquer que deux vieux châteaux, si l'on peut toutefois donner ce nom à

d'antiques demeures réparées, où l'on montre de grandes
salles devenues des tribunaux et des prisons. Enfin, ne trouvant rien d'intéressant dans les rues désertes de la cité, nous
rentrâmes à l'hôtel, où, cette fois, un bon déjeuner nous
attendait. Inutile de dire que nous savourâmes comme des
chasseurs affamés le fameux jambon d'York et le repas
entier, et que peut-être, nous l'eussions prolongé si le
temps nous l'eût permis. Mais notre appétit étant satisfait, nous réglâmes notre compte, et prîmes le train direct
pour Cambridge, car nous voulions visiter une des célèbres
villes universitaires de la Grande-Bretagne.

Le voyage nous parut long, ennuyeux même; le pays ne
présente aucun site pittoresque, il est plat et monotone.

Nous laissâmes nos bagages dans une gare secondaire, où
nous devions repasser le soir, en rentrant à Londres, puis il
nous fallut changer de train, tout cela nous contraria un
moment, mais, arrivées à Cambridge, nous ne regrettâmes pas
le détour que nous avions fait, car si cette ville est peu intéressante par elle-même, elle l'est au plus haut degré par ses
établissements d'instruction. Chaque collége est un palais,
pouvant recevoir plusieurs centaines d'élèves; l'architecture
de ces habitations, leurs vastes cours, leurs parcs, leurs
grands bois, leurs jardins immenses, arrosés par des rivières,
tout en fait des demeures princières. Il y a un si grand
nombre de colléges à Cambridge, que nous ne pûmes les visiter
tous. Parmi ceux que nous avons vus, je te citerai *Saint-
Peter's college*, datant de 1284, et dont la chapelle est un
bijou du genre gothique italien. *Quenn's college*, un des plus
importants de la ville, fut bâti, nous dit-on, par Marguerite
d'Anjou, femme d'Henri VI. La porte d'entrée, surmontée de
quatre tours, donne accès dans une grande cour où se trouve
la chapelle; de là, on traverse plusieurs bâtiments, séparés
les uns des autres par d'immenses cours et de vastes et superbes jardins. Tout cela est trop beau pour des écoliers; les
rois et les reines d'Angleterre ont logé royalement les étudiants,

mais j'aime à croire qu'ils se sont encore plus occupés de la science qui leur était enseignée; car plusieurs savants ont travaillé à Cambridge, entr'autres, Erasme, qui demeura longtemps à *the Quenn's college*.

Le plus intéressant de tous ces établissements est *King's college*, dont la chapélle date de 1443. Il fut fondé par Henri VI. Lorsque nous entrâmes dans la chapelle, on y chantait un office; nous pûmes donc examiner parfaitement l'intérieur de l'édifice, car, pour ne pas troubler les étudiants, il fallut attendre la fin de la cérémonie pour sortir. C'est un magnifique monument de style gothique anglais perpendiculaire; les sculptures et les vitraux en sont fort beaux, on peut y remarquer les deux roses d'York et de Lancastre, entrelacées de toutes parts, et reproduites avec habileté dans tous les dessins de l'intérieur aussi bien que dans ceux de la façade. Malgré la beauté des chants mélodieux qui étaient exécutés, nous en entendîmes avec plaisir le dernier verset. Alors, les élèves défilèrent devant nous, en uniforme, et, en les voyant, je les félicitais de leur sort, car il me semblait que l'éducation reçue dans ce palais devait être une éducation souveraine.

Voilà bien des pensionnats qui m'intéressent, n'est-ce pas? Tu es peut-être étonnée de me voir émerveillée; eh! bien, nous n'avions pas fini d'en voir.

Nous visitâmes encore *the Trinity's College*, le plus grand de l'Angleterre, construit par Henri VIII. On y voit la statue du roi au-dessus de la porte principale. Quatre grandes cours partagent les divers corps de l'établissement que nous parcourûmes jusqu'aux cuisines, afin de voir l'immense cheminée où l'on prépare chaque jour les pommes de terre pour plus de huit cents hôtes, et qui eut l'honneur d'en pourvoir longtemps les Bacon, les Cowley, les Dryden, les Newton, les Byron, les Macauley, etc., etc.

Nous nous arrêtâmes encore à *Saint-John's college*, fondé par Marguerite de Beaufort, mère de Henri VII. Nous y re-

marquâmes les jardins charmants auxquels on arrive en traversant plusieurs vastes cours séparées par des ponts, dont
l'un, couvert, offre une vue très originale. Enfin, chère amie,
je te fatiguerais si je te nommais tous les établissements qui
font de Cambridge une ville unique dans le monde, et on ne
peut plus intéressante selon moi. Pour compléter notre
visite, nous nous fîmes conduire au point culminant de la
cité : de là, nous eûmes l'ensemble de l'aspect qui n'a pas
beaucoup de charme. Nous nous rendîmes ensuite à la gare,
d'où un train direct nous emmena à Londres.

Ce trajet s'étant fait dans l'obscurité, je ne puis t'en
parler; tu sais que j'ai horreur des ténèbres. Sache seulement que nous sommes descendues à *King's Cross's station*,
à une distance considérable du centre de la capitale, et que
nous y passerons cette nuit, mais que demain, nous quitterons
cet hôtel pour nous installer à *Charing Cross hôtel*, où nous
sommes déjà descendues au départ.

Adieu, il est bien tard, si tard que je n'ose te dire l'heure.
En te parlant, je n'ai pu m'apercevoir de la rapidité du temps,
mais les aiguilles de la pendule sont inexorables.

Je t'embrasse tendrement, quoique à la hâte. Adieu.

Dimanche, 23 Août.   Londres.

Dès ce matin, après un bon déjeuner, nous sommes
montées en voiture pour aller à l'église. Ainsi que je te l'ai
dit, chère amie, la piété des fidèles est édifiante ici, mais les
dimanches y sont fort ennuyeux; aussi, ayant assisté à la messe
après nous être assurées d'avoir des chambres à *Charing-
Cross hôtel*, nous sommes parties pour Richmont, jolie petite
ville, coquettement assise sur une colline de la rive droite de
la Tamise. Toutes les promenades et les environs de cette
charmante localité ressemblent à un parc; les ombrages y

sont superbes, et du point le plus élevé de la ville, on a une vue délicieuse sur la vallée et les prairies qui bordent le fleuve.

Nous ne fîmes que traverser Richmont, car, voulant visiter Hampton-Court, il nous fallait profiter du premier train

LORD BYRON

qui partait pour cette destination, afin d'arriver à temps pour voir le musée célèbre que renferme le château. Une demi-heure de voyage suffit pour franchir la distance entre Richmont et Hampton-Court; nous mîmes donc bientôt pied à terre, non loin de l'ancien domaine du cardinal Wolsey, favori de Henri VIII. Le beau parc qui conduit au principal bâtiment, est peuplé de daims apprivoisés, dont les troupeaux paissaient tranquillement, en regardant les nombreux visiteurs errant dans les vastes allées de cette royale propriété. Le château est en brique rouge, il se compose de plusieurs corps de logis bâtis autour de trois cours ; des jardins, très étendus, mais plats, et dessinés sans goût, l'entourent de tous côtés. Un large escalier donne accès aux vingt-quatre salles consacrées au musée ; il y a de plus, des galeries contenant un nombre considérable de bons tableaux que nous examinâmes avec le plus vif intérêt qu'on éprouve toujours devant les belles œuvres.

Et, tout en parcourant ces immenses appartements, mon esprit évoquait le souvenir de tous ceux qui les ont habités. Volsey ayant fait don de ce château au roi Henri VIII, il en résulta que Cromwel, les Stuarts, Guillaume III, Georges I et Georges II l'habitèrent successivement. Soulevant le voile du temps abaissé sur ces grandes figures, je me plaisais à les voir briller encore dans cette demeure, où hélas ! la foule qui encombrait les salles ne pensait guère à ces souverains.

Vanité des vanités ! me dis-je, que reste-t-il de toutes les grandeurs de la terre à tous ces rois ?... Rien ! rien !

Nous quittâmes le château pour descendre dans les jardins, afin d'y voir un pied de vigne fort remarquable, planté en 1769. Les rameaux de cette vigne s'étendent sur un espace de trente-cinq à quarante mètres, et sont symétriquement arrangés en une tonnelle que garantit un toit vitré. On dit que ce seul pied de vigne fournit plus de trois mille grappes de raisin qui ne servent qu'à la table royale.

Deux heures sont vite écoulées quand on les passe agréablement ; aussi, fûmes-nous tout étonnées, en nous apercevant que quatre heures étaient déjà sonnées, lorsque nous nous retrouvâmes dans le parc, dont les magnifiques allées de châtaigniers séparent Hampton-Court de Teddington.

Avant de quitter ce charmant endroit, nous eûmes la précaution d'y dîner, car nous ne devions rentrer que fort tard à Londres. On nous servit le repas dans une salle haute d'où nous pouvions voir la physionomie toujours calme du peuple anglais. Comme partout, en Angleterre, les promeneurs étaient sérieux et froids ; on jouit, sans en avoir l'air, dans ce pays ; les parties de plaisir, si gaies en France, ressemblent sous ce ciel gris, à ce que nous, sous notre joyeux soleil, nous nommerions une corvée ; aussi, je t'assure que, si les Anglais nous trouvent fous, eux-mêmes peuvent nous sembler des automates, des momies ambulantes.

En entrant dans le restaurant, nous trouvâmes plusieurs tables occupées par des gens qui attendaient silencieusement, depuis longtemps qu'on les servît, et la plupart d'entr'eux attendaient encore quand nous sortîmes ; cependant aucun signe d'impatience ne se montrait sur ces impassibles figures. Quant à nous, grâce à nos pièces, glissées à propos, nous avions été vite servies et nous revînmes à Richmont que nous parcourûmes avec grand plaisir, et où nous rencontrâmes H. Granada, ami de la famille ; il fut décidé qu'il viendrait passer la journée avec nous, demain à Londres, et nous quittâmes la jolie petite ville, sur laquelle, l'ombre du soir étendait déjà son long voile.

Nous venons de rentrer à l'hôtel ; mes amies sont déjà plongées dans le sommeil ; moi, j'ai voulu t'embrasser, ce soir même ; maintenant, je te dis adieu, à demain.

Mardi, 25 Août.   Londres.

Journée de promenades et d'achats, ma chère amie ; aujourd'hui, je n'ai rien à te raconter, nous avons parcouru la ville en tous sens, nous avons vu et revu les principaux quartiers de Londres, les magasins, les quais, les docks, ces immenses docks, célèbres dans le monde entier ; mais avant de t'en parler, laisse-moi te raconter notre journée d'hier.

Tu sais que le jeune Henri devait venir nous voir avec son ami Duhaut. Celui-ci, ayant été exact, prit avec nous le train de onze heures, quant à Henri qui arriva en retard, il vint nous rejoindre à *Cristal-Palace*, que nous avions projeté de visiter ensemble. C'était précisément fête en cet endroit, et fête d'un genre tout nouveau pour nous : il s'agissait de la réunion d'une confrérie, ou société dite de Tempérance. Figure-toi, chère amie, un sermon fait par un évêque, au milieu d'un bazar ; des prêtres, en habit de cérémonie religieuse, une procession, bannière et croix en tête, suivie par une foule immense, compacte, chantant et dansant le long des allées, comme une troupe de fous ou de gens ivres, et tu me diras quelle impression tu éprouverais à ce spectacle. Eh ! bien, cette impression fut la nôtre. D'abord, nous ne pouvions nous expliquer ce mouvement grotesque, ces bannières, ces chants, ces danses, cette musique semblable au fifre et au tambourin des nègres ; mais, lorsqu'on nous eut dit que c'était une vraie cérémonie catholique, je sentis la rougeur me monter au front. Il faut n'avoir aucun sentiment des convenances, pour mêler ainsi les choses saintes aux plus ridicules extravagances, sans en prévoir le triste effet. Tous ces gens gambadaient sérieusement, la plupart se tenaient embrassés et tournaient en cadence sur eux-mêmes, portés mutuellement par cette masse étrange, qui fit de cette façon la procession le long des sinueuses allées des jardins du Palais de Cristal. Nous les perdîmes de vue au fond d'un vallon. Alors, nous rentrâmes dans le fameux palais, qui est destiné à contenir une continuelle exposition, et dont quelques galeries sont très intéressantes. Ce palais ressemble à une immense serre dont les larges glaces sont soutenues par une charpente en fer. La nef central est longue de 550 mètres et offre le plus bel aspect par la profusion des plantes de toute espèce qui y sont artistement agglomérées. Des jets d'eau jaillissent de tous côtés, et des statues apparaissent comme par enchantement, du milieu des touffes de verdure, ou à travers des masses de fleurs s'épanouissant sous les rayons d'un soleil brillant, qui traverse cette transparente galerie. Deux ailes latérales, destinées à l'exposition des produits des différentes nations et également ornées de fleurs, ajoutent à la grandeur de la vue générale. Il y a tant de choses dans cet immense labyrinthe que je ne cherche même pas à les énumérer, il faudrait plusieurs jours pour les voir en détail, nous nous sommes donc bornées à parcourir les principales expositions et nous y avons remarqué celles d'Égypte, de Grèce, de Rome, de l'Allambra, les cours Byzantine et Mauresque, celles du moyen-âge, de la renaissance, le vestibule d'Élisabeth, la cour Italienne et enfin les différentes industries.

Au premier étage est une exposition de tableaux, mais on n'y voit pas de toiles de maîtres. Ce palais est un véritable travail gigantesque, mais on ne peut y admirer aucun chef-d'œuvre.

Un peu fatiguées de cette longue visite, nous prîmes quelques rafraîchissements, puis nous allâmes dans les jardins. C'était fête, je te l'ai dit, il y avait fête partout. Sur l'eau se donnaient des joutes : il s'agissait de sauver des gens qui tombaient volontairement à l'eau, et nous vîmes plusieurs nageurs faire des sauvetages magnifiques. Bien entendu, les rives de la petite rivière qui court dans ces jardins, étaient couvertes d'une innombrable quantité de curieux auxquels nous restâmes mêlées quelques instants, mais, redoutant les pick pockets, nous parcourûmes les autres allées en regardant les groupes d'animaux antédiluviens qui y sont placés, et enfin, n'ayant plus rien à visiter dans le palais, nous reprîmes le train et arrivâmes à l'hôtel vers sept heures. La journée fut terminée par un dîner d'extra, en l'honneur des deux jeunes amis qui, nous voyant fatiguées, eurent la discrétion de ne pas prolonger la soirée.

Cette fatigue a été cause que nos promenades ont été modérées aujourd'hui, mais toujours très intéressantes; nous pouvons dire que nous connaissons parfaitement la capitale de l'Angleterre; ses beaux quartiers, Piccadilly street, le Strant, la Cité, les ponts, les quais, les viaducs, les temples, tout, tout. Nous sommes, ma chère amie, de ces voyageuses qui connaissent à fond les endroits qu'elles traversent, nos dix yeux voient clair, et tu pourras t'en convaincre encore plus par nos causeries du retour que par mes lettres, quelque longues qu'elles soient, car je ne finirais jamais d'écrire, s'il me fallait t'expliquer, dans ma correspondance, les innombrables choses vues et les curieuses observations faites sur toutes les voies que nous parcourons.

Adieu, chère amie, nous quitterons Londres jeudi prochain, nos places sont arrêtées sur un steamer qui part pour Rotterdam, tu vas donc nous suivre en Hollande et en Belgique.

Tu ne t'attendais pas à cette nouvelle, n'est-ce pas? Et moi non plus, nous avons décidé cette tournée aujourd'hui même, et nous sommes ravies de notre décision; il nous reste donc deux jours encore à consacrer à nos voisins d'outre-mer, ou plutôt à leur pays, nous en profiterons jusqu'à la dernière minute, et je te dirai, en quittant le sol anglais, quel aura été l'emploi de ces deux journées d'adieu.

Je t'embrasse et t'aime de tout cœur.

Ton amie,
G. C.

Jeudi, 27 Août. — 7 heures du soir.   Harwick.

Le navire se balance sur ses ancres; la nuit commence à dérouler son voile du haut du ciel sur la mer, et nous allons partir, ma bonne amie.

Je ne te dirai point que je pleure en quittant l'Angleterre, non, je ne regrette point ce pays, mais je suis enchantée de l'avoir visité, et je dois dire que nous n'y avons jamais eu à nous plaindre de personne.

Je t'ai promis de te raconter nos deux dernières journées ; je vais me hâter de le faire, car la nuit et le roulis m'empêcheront, sans doute, bientôt d'écrire.

Hier matin, nous avons quitté de bonne heure l'hôtel pour visiter *the British museum*. Ce musée est fort riche, il renferme des sculptures, des momies, des antiquités de toutes sortes provenant de toutes les villes autrefois célèbres en Assyrie, en Grèce, en Égypte, en Lydie, en Carie, et en Italie. Les salles sont aussi nombreuses que variées, et nous y serions restées très longtemps si nous n'eussions eu l'intention de faire une excursion à Greenwich, pour y visiter l'observatoire dont le méridien est le point de départ de l'Angleterre. Cet observatoire s'élève dans un beau parc qui couvre une colline entière. On y jouit d'une vue admirable sur la Tamise avec ses innombrables navires et ses larges docks, ainsi que sur tous les environs de Londres. Greenwich possède un hôpital construit à la place qu'occupait un palais qui vit naître Henri VIII. Aujourd'hui, l'établissement situé en ce lieu est réservé aux marins anglais invalides. Il ne nous fut pas permis de le visiter, mais nous pûmes entrer dans une belle et immense salle, dite salle des peintures. Toutes les toiles qui y sont exposées représentent des batailles célèbres et les portraits des amiraux qui ont servi avec gloire la nation britannique. Nelson surtout y est montré à toutes les phases de son existence ; on conserve, dans ce musée, les vêtements que ce grand homme portait à la journée de Trafalgar, quand le boulet meurtrier le ravit à son escadre. Quoique ce coup nous ait enlevé un terrible ennemi, je ne pus voir sans émotion les taches de sang, couvrant encore les habits de l'illustre amiral ; car ce sang était celui d'un noble cœur, d'un homme courageux, magnanime, qui a su vivre et mourir pour la gloire de sa patrie.

Ce musée de Greenwich, dédié uniquement aux défenseurs du pays, m'a paru sublime de patriotisme ; et, je dois dire, à l'honneur des Anglais, que d'une extrémité à l'autre de leur royaume, j'ai remarqué le soin qu'ils prennent à exalter ceux qui ont rendu des services publics ; partout des statues sont élevées en leur mémoire, partout, des monuments perpétuent le souvenir de leurs actions ; tous les musées renferment leurs portraits, et les rues et les places s'honorent de porter leurs noms. Les serviteurs sont plus honorés que les maîtres en Angleterre ; il est vrai qu'ils sont plus grands généralement, mais il est beau que l'infériorité sache reconnaître et récompenser dignement le mérite. Plusieurs des souverains d'Angleterre ont possédé cette rare justice.

En rentrant à Londres, nous songeâmes à nos préparatifs de départ ; il nous fallut fixer nos dernières décisions, et enfin, après quelques courses en ville, nous rentrâmes dans notre appartement.

Ce matin, ma chère amie, ne crois pas que nous soyons restées en repos en vue du départ de ce soir ; loin de là. Il nous restait à visiter Windsor, résidence de la reine, et nous avons entrepris cette excursion. C'était un petit voyage, car Windsor est situé à vingt et un milles de Londres ; mais, pouvions-nous quitter l'Angleterre, sans avoir vu l'habitation de la souveraine de ce pays ? Non, n'est-ce pas ? Aussi, avons-nous fait hâte pour nous y rendre. Malgré notre diligence, nous avons manqué le premier train, et n'avons pu partir que vers onze heures. Comme nous ne perdons pas un instant, les quelques heures d'attente ont été employées à faire des emplettes pour le voyage et quelques courses nécessaires : passer à la poste pour y laisser notre adresse, régler nos comptes, etc., etc., mille choses nécessaires le jour d'un départ. Enfin, le train nous a portées en moins d'une heure à ce château de Windsor, qui devait avoir notre dernière visite en Angleterre. N'était-il pas poli de faire nos adieux à la maîtresse du royaume, qui nous avait donné l'hospitalité durant un mois? Si, certainement, et, en Françaises bien élevées, nous ne pouvions manquer à ce devoir.

Windsor est une ancienne terre qui fut donnée par Édouard le Confesseur aux religieux de Westminster. Plus tard, Guillaume le Conquérant, en fit une forteresse que le temps et les rois ont transformée peu à peu, agrandie et embellie. Cette demeure royale se divise en deux cours. La première, moins élevée que l'autre, renferme une belle chapelle construite par Édouard IV pour les chevaliers de l'ordre de la Jarretière, dont les armoiries et les étendards sont conservés dans le chœur. Plusieurs sépultures royales sont renfermées dans cette église ; la plus remarquable est celle de la princesse Charlotte, dont le mausolée est couvert de personnages en marbre blanc, sculptés avec un art admirable. Non loin de cette chapelle, on monte à une tour, appelée Tour du roi Jean, d'où l'on passe aux appartements d'apparat.

Nous avons parcouru toutes les salles du château, et partout, nous y avons remarqué une très grande simplicité. Elles contiennent des tableaux de grands prix, qu'on ne peut pas assez apprécier, parce que les visiteurs n'en peuvent approcher, vu les barrières tendues d'une extrémité à l'autre des pièces, et à une très grande distance de ces tableaux. Entre les deux cours s'élève, sur le plus haut point de la colline, une tour qui sert de prison. De la plate-forme de cette tour, que nous avons gravie, la vue embrasse un horizon splendide, car, Windsor couvrant une colline assez élevée, et la tour étant sur le point culminant de cette colline, l'étendue paraît sans bornes. Le manoir ressemble à un nid d'aigle attaché au rocher ; ses créneaux, ses donjons, le roc même des flancs duquel il s'élève, tout rappelle le moyen âge. En regardant ces épaisses murailles, on oublie un instant l'époque actuelle, car on ne peut s'imaginer que la moderne Cour anglaise n'ait pas une demeure plus gaie, plus élégante.

Après avoir vu le château, nous avons visité les dépendances : les remises, remplies de voitures fort simples ; les écuries, où de nombreux palfreniers montrent avec une complaisance, non désintéressée, les chevaux qui leur sont confiés ; rien de tout cela ne nous parut royal. Ces chevaux sont ordinaires, et les valets reçoivent la pièce comme des cochers de fiacre.

En quittant Windsor-Castle, nous aperçûmes, au bas de la colline, le royal collège d'Éton, l'un des plus considérables de l'Angleterre ; mais, pensant que cet établissement ne peut pas être plus beau que ceux de Cambridge, et voyant, d'ailleurs, que l'heure s'avançait, nous prîmes un léger repas dans le bourg, et arrivâmes directement à Charing-Cross. Là, après quelques instants de repos, nous avons fermé nos malles, distribué des schellings aux domestiques et salué l'hôtesse, puis nous n'avons plus songé qu'au départ définitif.

Une voiture fut chargée de nos bagages, et nous nous rendîmes à *Bishopsgate station*.

Cette gare, notre point de départ pour Rotterdam, est vaste, mais elle était encombrée de toutes sortes de marchandises et de voyageurs ; il y en avait tant, que nous ne savions de quel côté nous tourner pour nous orienter. Mais, tu sais que nous ne sommes pas longtemps embarrassées. Quand on a une langue, on peut se faire comprendre, et nous en possédons quatre, aussi pouvons-nous facilement nous expliquer. Donc, après un instant d'examen au milieu de ce tohu-bohu, de ce brouhaha incroyable, je m'adressai à un employé qui m'indiqua la voie à suivre ; un autre s'occupa de nos bagages, pendant que nous allions au buffet faire quelques provisions, car nous n'avions pas dîné. Enfin, tout étant prêt, chacun prit place dans le train qu'on formait. Ce train avait une physionomie différente des autres ; on voyait que nous étions tous des voyageurs de long cours, tout le monde portait force paquets, provisions, chacun cherchait à se placer commodément. Quant à nous, fidèles à notre mode de locomotion, en wagon privé, nous avions déjà glissé l'appât dans la main du chef de train, et cette pièce fut la plus utile de toutes celles que nous avions déjà données, car un homme ivre dormait dans le compartiment que nous occupions, et, grâce à notre argent, ont fit descendre cet individu malgré sa résistance.

La locomotive donna bientôt le signal du départ. Alors, déployant notre paquet de provisions, nous avons fait un excellent repas, puis, n'oubliant jamais Dieu, nos cœurs ont adressé au ciel la fervente prière du soir. N'avions-nous pas à le remercier de sa constante protection pendant le mois qui s'était écoulé, si heureusement pour nous, au milieu de tous les dangers des voyages ; et n'avions-nous pas encore à lui demander de nous sourire et de nous accompagner avec complaisance jusqu'au terme de la course. Avec Dieu, nous ne craignons rien, et c'est pour cela que, sans trembler, nous allons traverser la mer. Puisse notre confiance être agréable à Celui qui l'inspire.

La lune montait au ciel, nous ne pouvions guère voir le pays, et le train, lancé à toute vapeur, n'en laissait pas d'ailleurs le temps.

Nous traversâmes plusieurs villes sans nous y arrêter : Chelmster, Colchester, et bien d'autres ; nous avons dévoré l'espace ainsi plus de deux heures. Vers huit heures, nous sommes arrivées à Harwick, où le train nous a portées jusqu'au bateau qui est un beau steamer, retenu en ce moment au rivage par de forts amarrages et des ancres que l'on va lever. Tous les voyageurs s'installent. Le port est vaste et contient une grande quantité de bâtiments, que je regrette de ne pouvoir distinguer plus nettement ; mais la lune s'est à demi-voilée, et c'est à l'aide d'une clarté douteuse que je vois mouvoir autour de moi la foule des

passagers qui vont, viennent, tournent sur eux-mêmes,
comme les vagues sombres qui fouettent les flancs de
notre navire.

Je ne puis continuer à écrire, nous partons, adieu, mon
amie, je te donnerai des nouvelles dès notre arrivée à Rotterdam. La mer est magnifique; puisse notre traversée être
heureuse !

Adieu.

HOLLANDE ET BELGIQUE

Vendredi soir, 28 Août.   Rotterdam.

Ma bonne amie, je suis enfin sur terre ! Je respire libre-
ment sans éprouver des nausées qui m'étranglent, et je peux
me tenir ferme sur mes deux pieds sans voir tourner ce qui
m'entoure ! Quelle jouissance !... Tu n'as jamais éprouvé
une telle félicité, j'en suis sûre. Tu regardes sans étonnement les objets immobiles dans le lieu qu'ils occupent.
Apprécie donc ton bonheur; ou bien, va, va passer une
nuit sur l'Océan, et le lendemain, tu comprendras une
jouissance qui t'est inconnue; celle de n'être plus le jouet
d'un mouvement forcé et continuel.

C'est dans le sentiment d'un bien-être inexprimable que
je t'écris aujourd'hui, et je souris en pensant que je ne suis
plus dans une île. Oh ! les îles, je les déteste, car, pour y
rentrer, comme pour en sortir, il faut passer par des souffrances aussi grandes que celles du purgatoire; mais les
îles, même celle de Wight, ce n'est pas le ciel.

Je dois t'expliquer mon antipathie pour ces terres iso-
lées : hier, au moment où je t'ai dit adieu, notre navire
se balançait mollement sur ses ancres ; ses mouvements
étaient lents et réguliers, et je sentais chacun de ses balan-
cements se communiquer lentement et régulièrement au
plus intime de mon être. On leva bientôt l'ancre, et le
steamer, dégagé de ses liens, fendit majestueusement les
vagues. Je ne pouvais examiner sa trace écumeuse sur les
flots, mais mon regard suivait sur le rivage les monuments
qui semblaient fuir, les lumières du port diminuant peu à
peu, et l'ombre descendant silencieusement sur la ville, qui
disparut bientôt complètement dans un sombre nuage.
Quelques phares seuls brillèrent encore un moment sur les
falaises lointaines, puis rien, rien, l'obscurité complète
nous enveloppait de son noir manteau.

Je me rapprochai alors de mon amie, dans un sentiment
d'effroi qu'elle ne soupçonna pas. L'amitié que j'ai pour
elle avait seule pu me déterminer à ne la pas quitter et à
traverser la mer, afin qu'elle ne courût aucun danger loin
de moi. J'éprouvais en ce moment une invincible terreur ;
l'eau m'effraie. Je tremblais involontairement et je sentais
un indicible malaise se répandre en moi. Je regardais le ciel
où les étoiles commençaient à scintiller, et la pâle lune à
demi-cachée sous les nuages ; mais ni ce beau voile étendu
sur l'Océan, ni l'Océan lui-même, venant briser ses vagues
contre les flancs de notre navire, ni les paroles affectueuses
de mes jeunes amies, rien ne pouvait arrêter la souffrance
que je cherchais en vain à leur cacher, et je compris que
j'avais juste le temps de gagner ma chambre avant de ressentir le mal de mer au complet.

Je descendis donc, trébuchant et m'accrochant à la
rampe d'un étroit escalier tournant qui conduisait au salon
des dames. Je fus très étonnée d'y voir les préparatifs du
repos. Les chambres contenaient quatre lits superposés,
dans lesquels on est enfoncé comme dans un tiroir ; cela

ne me sourit guère, et d'autant moins, que le mien était
au-dessus de celui d'une étrangère. Une voyageuse com-
plaisante m'offrit son lit dans la salle commune, et je l'ac-
ceptai avec plaisir, afin d'avoir plus d'air et d'espace autour
de moi. Ces lits du salon n'étaient autre chose que des banquettes placées en gradins, et sur lesquelles on avait mis,
de trois mètres en trois mètres environ, un petit coussin à
peine assez gros pour soulever la tête. Une cuvette posée à
côté de chacun de ces coussins annonçait que le sommeil
pouvait et devait être troublé par quelque indisposition!...
Un tel dortoir était peu attrayant; cependant, je compris
que je n'avais qu'à y prendre, au plus vite, ma place, et
que ma cuvette ne serait pas un meuble inutile. Je m'étendis
donc dans mon cadre, ayant eu soin de me pourvoir d'un
second coussin, sous lequel j'entassai mon châle et mon
water-proof; puis, armée d'un flacon de sels, je tâchai de
fermer les yeux. Mais, impossible de dormir : les voyageuses vinrent les unes après les autres; elles arrivaient
comme des blessés apportés d'un champ de bataille ; on les
étendait dans leur case et j'entendais, peu après, une plainte,
un hoquet, un grognement, un cri, une nausée, et souvent,
tout cela à la fois, venant des divers points de la salle. Une
odeur nauséabonde me prenant à la gorge, je ne tardai pas à
me mettre à l'unisson, et à augmenter de ma voix plaintive
les gémissements qui s'élevaient de tous les coussins.

Que te dirai-je de plus, ma bonne amie? tu comprends
ce qui s'est passé dans cette longue nuit : la mélodie n'a
guère varié. Je ne fis que souffrir horriblement : tout tour-
nait autour de moi et en moi; mon intérieur, comme un
volcan, roulait des masses incandescentes, dont les nombreuses irruptions me bouleversèrent tellement que, lorsque
le jour commença à poindre sur l'immensité des flots, et
que je cherchai à rassembler mes sens et mes vêtements, je
ne trouvai plus ni les uns ni les autres. Cependant, au lever
du soleil, Mary et sa plus jeune sœur vinrent me trouver

et me donnèrent un breuvage qui me réconforta un peu ;
alors je me levai, comme un spectre qui se dresse de son
sépulcre, et je me traînai, à travers les lits et les gens étendus par terre, pour arriver sur le pont, où ma brillante
mine ne dut éblouir personne ; mais nul n'était vigoureux :
tout le monde paraissait livide.

La plupart des passagers avaient éprouvé les mêmes
tortures que moi. Mes amies seules n'avaient pas souffert ;
elles étaient restées étendues sur le pont, le dos sur le plan-
cher, la face à l'air, et inondées par la pluie. Je ne sais si
leur sort avait été plus doux que le mien, mais enfin, cette
mauvaise nuit était passée, et nous touchions au terme de
notre voyage, car nous approchions de la Hollande.

Les vagues devinrent peu à peu moins grosses, et vers
sept heures, nous aperçûmes au loin une ligne blanchâtre,
qu'on nous dit être la terre ; j'en fus ravie, bien qu'elle me
parût fort éloignée, mais notre steamer était bon marcheur ;
bientôt il entra dans la Meuse, qui est si large à son embouchure, qu'à peine remarque-t-on avoir quitté la mer quand
on en est déjà assez éloigné. Les rives sont si plates, les
digues si peu élevées, qu'on les voit à peine, et qu'il m'eût
semblé être encore au large, si le calme du fleuve ne m'eût
fait comprendre que le mauvais pas était franchi.

Rotterdam est à vingt milles de la mer ; ce trajet nous
parut court : c'était un moment de repos, et l'aspect du pays
était si nouveau pour nous, que notre attention fut toute
captivée. D'immenses plaines, couvertes de troupeaux,
s'étendent à perte de vue sur les deux rives. On n'y voit
aucune maison ; sans doute que les Hollandais trouvent cette
contrée trop basse pour l'habiter ; il est vrai qu'on doit
craindre de voir la mer envahir la plaine : les digues ressemblent à de petites haies plantées dans le sable au bord
de la mer, mais elles sont cependant un rempart suffisant
contre l'irruption des flots.

Plusieurs navires remontaient le fleuve, d'autres le descendaient, et nous remarquâmes le calme des marins : ils parlaient peu et à voix basse. Les Hollandais paraissent patients et doux, du moins nous en jugeons ainsi au premier aperçu.

Vers neuf heures, nous entrions en rade : le port est vaste et propre. Une quantité de bâtiments de toutes les nations du monde y sont à l'ancre, et, si nous n'eussions pas été si fatiguées, nous aurions examiné longuement cette superbe entrée de Rotterdam; mais nous avions hâte de trouver un lit et de nous reposer, aussi avons-nous mis promptement pied à terre, et nous nous sommes fait conduire à *Victoria-Hôtel*, où quelques heures de bon sommeil nous ont un peu ranimées. Pour achever l'œuvre du repos, nous nous sommes rendues dans la salle à manger, et un copieux repas nous a tout à fait remises dans notre état normal; il ne nous restait que des courbatures. Nous sommes alors montées en calèche pour faire une promenade dans la ville, et y voir ce qu'elle contient de remarquable.

Une multitude de canaux, dont plusieurs sont des bras de la Meuse, traversent la ville dans tous les sens, et de nombreux navires y circulent comme les omnibus dans nos rues, de sorte que l'on voit tout à la fois des mâts, des clochers, des arbres, des prairies, des maisons et des places. Ce spectacle, tout à fait nouveau pour nous, nous a beaucoup intéressées. Les voies qui bordent les canaux sont larges et propres, l'aspect en est des plus agréables et des plus animés. Un quai superbe, ombragé d'arbres magnifiques, borde la Meuse sur une immense étendue; des ponts-levis, jetés sur les canaux, sont ouverts à chaque instant, pour laisser passer les bateaux, et abaissés aussitôt après, pour donner un libre cours à la circulation.

Un très grand mouvement a lieu dans ce port et sur le quai, où l'on voit des marins de toute nationalité. Au centre de la ville, se trouve la maison où naquit Érasme, et sur une place est érigée la statue de cet illustre savant, dont nous avions remarqué le tombeau, en Suisse, dans la cathédrale de Bâle.

Continuant notre promenade, nous sommes arrivées au jardin zoologique et au jardin botanique. Ces jardins contiennent de très belles plantes exotiques et une assez riche collection d'animaux, surtout de perroquets; mais, après avoir vu le *zoological garden* à Londres, nous ne pouvions guère admirer ceux-là; nous avons donc poursuivi nos courses. Au détour d'une rue, une des roues de notre voiture heurta contre un trottoir; aussitôt, un policeman courut après nous, en criant d'arrêter; mais le cocher, sachant qu'une amende serait le résultat de sa maladresse, fouetta ses chevaux qui partirent ventre à terre. Le policeman s'accrocha alors à la portière, se laissant emporter par la voiture et continuant à crier. A ses cris, la foule, augmentée de minute en minute, suivait à la course notre équipage que les chevaux emportaient avec une rapidité folle. Le plus comique de cette aventure, c'est que mon amie, ne s'étant point aperçue du choc du trottoir, nous croyait poursuivies par la police, et, dans son effroi, elle criait au cocher : « Arrêtez! arrêtez donc! » Les enfants le tiraient par les pans de son habit, mais il fouettait de plus en plus ses chevaux, et nous disait en hollandais des mots que nous ne comprenions pas. Quant à moi, qui avais compris le cas, je riais tant, qu'il m'était impossible de parler, et la foule, courant toujours derrière nous, rendait la situation excessivement plaisante. Enfin, le malheureux policeman, fatigué, essoufflé, lâcha la portière en nous montrant le poing, et la voiture, toujours volant, fit tant de détours que nous finîmes par perdre de vue la population que nous avions mise en émoi. Alors le cocher rallentit l'allure de ses chevaux et nous fit comprendre que, par sa course effrénée, il s'était esquivé à une amende encourue par sa contravention. Bientôt tout en riant de bon cœur de cet accident que nous arrivâmes à l'église Saint-Lawrence.

Cette église, de style gothique, renferme plusieurs beaux
monuments funèbres; mais nous étions très fatiguées; aussi,
au lieu de continuer nos visites, nous avons pensé au
retour, et nous voilà à l'hôtel, dans des chambres assez
désagréables, car elles sont au rez-de-chaussée, et l'on y
est exposé à tous les regards; néanmoins, nous espérons y
bien dormir, et je t'assure que nous en avons grand besoin;
les os me font encore mal.

Adieu donc, chère amie, à demain.

Je t'embrasse de cœur.

Samedi, 29 Août.La Haye.

Ma bonne amie, quoique nous soyons sur le continent,
il me semble que la distance qui nous sépare de notre belle
France est encore plus grande que lorsque nous parcourions
l'Écosse. D'où vient cela? C'est de ce que nous ne comprenons pas la langue qu'on parle ici. Tu ne saurais te
figurer combien il est désagréable de ne pas entendre ceux
qui nous entourent et de ne pouvoir leur expliquer ce qu'on
désire; cela est si gênant, que j'ai pris la résolution d'étudier toujours la langue du pays que je visiterai, car, s'il
y a parfois des choses plaisantes par suite de l'ignorance,
il en est un bien plus grand nombre d'ennuyeuses, pro-
duites par la même cause.

Dès ce matin, nous étant trouvées à peu près délassées,
et n'ayant plus rien à voir à Rotterdam, nous sommes
parties pour La Haye. Les trajets sont tous courts dans
ce petit royaume, et le pays est si plat, si uniforme,
qu'après l'avoir regardé en un endroit quelconque, on pourrait dire avec raison qu'on a vu toute la Hollande. Ne
crois pas pour cela que je n'y trouve pas de charme; tout
au contraire, cette immense prairie, coupée de mille et mille

canaux, entre lesquels s'élèvent des villes populeuses, industrielles et commerçantes, ces jardins fleuris de tous côtés,
ces troupeaux épars sur tous les points, ces navires traversant, par des canaux, les prés, les rues et les places,
tout cela me plaît infiniment, et j'aimerais assez à habiter
ce pays, si je n'étais pas Française, et si je n'avais pas
peur de l'eau, car l'idée que la rupture d'une digue pourrait amener le déluge m'empêcherait de dormir; aussi,
je crois que je ne choisirai jamais cette contrée pour résidence quoique je la trouve charmante.

Les trajets sont courts ici, je te l'ai dit; à peine avions-
nous quitté Rotterdam que nous passions à Ryswick, que
je voulais voir en considération du fameux traité de paix
qui y fut signé en 1697, entre la France, l'Angleterre,
la Hollande et l'Espagne. Rien aujourd'hui ne dit au voyageur un mot de ce fait célèbre, et mon regard ne rencontra
que de blanches maisons tapissées de rosiers, des jardins
et des prés fleuris, et de joyeux artisans qui paraissaient
peu occupés des anciennes vicissitudes de leur patrie. Je
n'avais pas même eu le temps de me plonger dans mes souvenirs historiques, qu'on criait déjà : « La Haye! La Haye! »

Il nous fallut descendre, nous étions dans l'une des
capitales du royaume.

La Haye est une belle et élégante ville, résidence de la
Cour, des diplomates et des nobles, aussi possède-t-elle de
superbes maisons, de grandes places, des rues larges, bien
alignées, et des promenades superbes. Mais, comme on y fait
peu de commerce, tout y est calme malgré la nombreuse
population qui y réside.

Suivant notre habitude, nous sommes descendues au
meilleur hôtel, nommée *Belle-Vue*. Devant nos fenêtres
s'étend un parc magnifique où nous voyons, en ce moment,
courir des cerfs et des enfants. Le temps est si beau que
mes amies désirent sortir; tu dois t'apercevoir, d'ailleurs, que
nous ne restons guère enfermées.

Je te dis donc adieu, chère belle, pour me joindre à mon aimable et bonne compagne de voyage, je terminerai ma lettre demain en te donnant mes dernières impressions sur La Haye.

Dimanche, 30 Août.   La Haye.

Hier, nous avons parcouru tous les beaux quartiers dont je t'ai déjà parlé! Ils composent une ville superbe. Nous avons visité le musée ou galerie privée du baron Steingracht van Oosterland; les grands sont des Crésus en ce pays où tout le monde est riche; aussi, ceux qui ont le goût des beaux-arts, possèdent des trésors. Le musée de ce baron est fort intéressant; et, comme le possesseur a de l'esprit, il le laisse visiter par les étrangers. En sortant de ces salons, nous sommes entrées dans un bazar qui, ne contenant que des objets d'art, ressemble à un autre musée où sont réunies les plus belles nouveautés industrielles de toutes les nations. De là, on nous a conduites dans ce parc dont nous avions admiré les avenues; c'est un labyrinthe, et notre cocher, auquel nous ne pouvions parler puisqu'il ne comprenait que le hollandais, marchait toujours, sans s'inquiéter de la distance. Voyant que nous étions arrivées dans un endroit fort isolé, nous cherchâmes à lui expliquer que nous voulions retourner à l'hôtel, mais il n'entendait rien et courait sans cesse. Je crois qu'il serait sorti de la Hollande, si nous n'eussions interpellé un Monsieur à l'air respectable, qui passait près de notre voiture.

— Do you speak english? (1) Parlez-vous français? Habla Vᵈ Castellano? (2).

En entendant ces mots, le complaisant Hollandais sourit, s'approcha et nous répondit en bon français.

(1) Parlez-vous anglais?
(2) Parlez-vous espagnol?

Nous le priâmes alors de donner nos ordres au cocher, ce qu'il qu'il fit de la meilleure grâce du monde, en nous faisant remarquer que nous étions très loin de la ville.

Après l'avoir remercié, nous reprîmes le chemin de *Belle-Vue*. Le temps s'assombrissait, les nuages s'amoncelaient à l'horizon, et, quand nous arrivâmes à l'hôtel, il pleuvait.

Cependant, sachant que les soirées étaient fort agréables à Schevenningen, station de bains de mer peu éloignée de La Haye, nous montâmes de nouveau en voiture pour aller en cet endroit.

L'établissement du *Grand-Hôtel des Bains*, situé sur les dunes, est superbe, il contient un grand nombre chambres, des salles de bal et de concert; la mer vient mourir à ses pieds sur une plage immense, où les nombreux promeneurs s'abritent du vent au moyen de fauteuils couverts, que l'on transporte aisément. Ces sièges en osier sont très commodes au bord de la mer; ils garantissent de la fatigue, de la pluie et du soleil aussi bien que du vent. Nous en usâmes longuement pour admirer cette plage sans égale en étendue et en beauté.

La nuit descendait peu à peu sur les flots, et le ciel se couvrait de sombres nuages chargés d'électricité; bientôt de larges gouttes d'eau tombèrent, et l'orage éclata. Alors, quittant à regret le rivage, nous rentrâmes à l'hôtel. En nous y rendant, nous vîmes, sur la plage, une exposition de petits chiens, l'un d'eux se jeta dans les bras de Mary en lui faisant de telles caresses, qu'elle eut grande envie de l'acheter; c'était un épagneul fort beau, mais qui nous eût beaucoup embarassées, aussi renonça-t-elle à son désir.

La salle à manger s'était remplie pendant que nous examinions les chiens, il y faisait une chaleur intolérable, cependant, nous y dinâmes; puis voulant tout voir, nous passâmes dans la salle de bal où les Hollandais, moins formalistes que les Anglais, nous laissèrent entrer malgré nos costumes de voyage. Il y avait déjà nombreuse réunion, les enfants avaient ouvert la danse. Tous ont de jolis pieds, chose que nous n'avions pas vue depuis un mois.

Vers dix heures, la jeunesse fit place à l'enfance, c'était plaisir de voir la fraîcheur, l'élégance, la franche gaieté de la société entière. Lorsque le bal fut très animé nous sortîmes sans bruit, et, appelant notre cocher, nous rentrâmes à *Belle-Vue*, par une pluie torrentielle et un orage épouvantable.

Ce matin, le ciel était bleu, le soleil brillant, et la verdure plus fraîche encore que de coutume dans ce frais pays. Nous avons déjeûné de bonne heure, et sommes sorties pour visiter le parc de la reine, appelé *huis ten Bosch*, ce qui signifie en hollandais, maison du bois. En nous y rendant, notre voiture s'est croisée avec l'équipage du roi, dont la seule marque distinctive était un siège de velours rouge à franches d'or, sur lequel le cocher et un valet de pied étaient assis, tandis qu'un autre domestique se tenait debout derrière la voiture. Nous aperçûmes le roi et la reine, mais nous n'eûmes guère le temps de faire des remarques sur eux. Bientôt, on arriva à la Royale villa, construite par la veuve d'Henri-Frédéric d'Orange, Statouder de Hollande.

De délicieux jardins entourent cette habitation dont l'intérieur est charmant et laisse voir, par de larges fenêtres, des fleurs de tous côtés. Une des plus belles salles est la salle japonaise, toute tendue d'étoffe de soie blanche brodée au plumetis; ce sont des oiseaux aux brillantes couleurs, perchés sur des arbres exotiques, d'un effet original et d'une grande richesse; les tapisseries, les rideaux, les meubles, tout est garni de la même façon, et les plantes naturelles qui entrent par touffes odorantes à travers les croisées font de cette salle une pièce délicieuse, où je me plairais beaucoup, s'il me fallait habiter ce palais. La salle à manger, peinte en grisaille et la salle de billard sont simples; la chambre de la reine est élégante; les meubles en satin blanc brodé, sont si jolis que Mary a formé le projet de faire une garniture de salon semblable; enfin, la salle du trône des Princes d'Orange est ornée de tableaux excellents, peints par des élèves de Rubens et représentant allégoriquement les principaux traits de la vie de Guillaume. La salle est éclairée en partie par une coupole, ce qui répand admirablement la lumière sur ces tableaux.

En sortant du château, nous nous sommes rendues à la messe. Ici, comme partout, l'église catholique est une; par conséquent, nous y avons reconnu nos belles cérémonies, mais il m'a semblé qu'on est moins recueilli à La Haye qu'en Angleterre. Le sermon, débité en hollandais, a été un mystère pour nous, malgré notre attention. Aussitôt après le prône, une nuée de quêteurs se sont répandus dans l'église; ils portaient chacun une bourse attachée au bout d'une longue perche qu'ils avançaient d'une extrêmité à l'autre des rangées de fidèles.

Cet usage, que nous ne connaissions pas nous parut commode, mais risible; nous n'en continuâmes pas moins à prier jusqu'à la fin de la messe qui ne fut troublée que par les promenades de ces quêteurs. Dès que l'office fut terminé, nous nous sommes fait conduire au musée qui est si riche que nous y sommes restées jusqu'à ce qu'on en fermât les portes. Alors, on nous a menées au parc, où la musique se faisait entendre. Toute la ville s'y promenait. Ayant mis pied à terre, nous nous sommes assises un moment, pour voir la physionomie de la population. Nous l'avons trouvée encore élégante et aimable, mais la haute société se tenait dans une enceinte réservée, inaccessible aux étrangers de passage; aussi, avons-nous bientôt rejoint notre équipage qui stationnait entre millle autres. On dirait qu'il y a ici autant de voitures que de particuliers.

Il n'est que quatre heures, et n'ayant plus rien à faire à La Haye, nous allons partir pour Harlem. J'ai voulu t'expédier ma lettre avant notre départ, et je t'écrirai dans quelques jours.

Adieu mon amie, tout à toi, de cœur.

Lundi, 31 Août.   Harlem.

Ma bonne amie, je croyais ne pouvoir t'écrire que dans quelques jours, mais j'ai un moment avant notre départ pour Amsterdam, et je vais en profiter pour te raconter notre visite à Harlem.

Nous sommes arrivées hier, un peu tard; avant que nous fussions installées dans l'hôtel, il était près de sept heures; aussi avions nous grand appétit, et avons-nous demandé qu'on nous servît immédiatement à dîner. Le chef de l'établissement, petit homme bossu, nous répondit que nous pouvions passer au salon et attendre un instant. Il fallut nous soumettre, mais, cet instant paraissant interminable, j'allais de temps en temps m'enquérir du repas, et l'hôtelier s'inclinait en me faisant un geste significatif qui me disait : « ne craignez rien, et attendez. » Enfin, comme tout à un terme en ce monde, on finit par annoncer le dîner, et nous passâmes dans la salle à manger, tremblant d'y trouver quelque mauvais ragoût. Quelle ne fut pas notre agréable surprise! La table était couverte des mets les plus fins, les plus exquis; c'était le meilleur repas que nous eussions trouvé depuis notre départ de Bordeaux. Le service fut aussi satisfaisant que possible. Nous pensions avoir un compte énorme pour payer tout cela, il n'en fut rien; on nous demanda un florin par personne. Je t'assure que nous avions peine à y croire, et je te recommande *l'hôtel Funclair,* si tu vas quelque jour à Harlem.

Étant bien réconfortées, nous avons fait une promenade dans les environs, mais le langage inconnu me désespère. Notre voiture a couru pendant deux heures, et nous n'avons pu qu'admirer l'éternelle verdure, les fleurs et les jolies maisons de campagne, et ce n'est que ce matin que nous avons appris le nom de l'endroit charmant que nous avions visité : c'est Bloemendal.

Aujourd'hui, nous sommes parties pour une excursion au château de Brederode et aux dunes, qu'on qualifie ici du nom de *Montagnes*.

La route que nous avons suivie est très gaie : partout des champs fertiles, des habitations blanches tapissées de plantes grimpantes et entourées de jardins en fleur ; partout l'abondance. On ne rencontre point de pauvres, et les paysans ont tous l'air d'être aisés ; les domestiques paraissent aussi heureux que leurs maîtres ; c'était un vrai plaisir de traverser des plaines luxuriantes de végétation, où la population paraît partout satisfaite de son sort.

Vers neuf heures, nous sommes arrivées aux ruines du château de Brederode, placé dans une charmante situation, si toutefois l'on peut dire que l'une soit plus agréable que l'autre, dans ce pays qui est tout plat, et plus bas que la mer. Cependant, il y a une légère élévation en ce lieu, et, du haut des anciennes tourelles du manoir, la vue s'étend sans limites sur toute la contrée. Notre guide ne parlant que le hollandais, ne nous donnait aucune explication, aussi avonsnous bientôt quitté ces ruines, pour nous rendre aux dunes, d'où sortent quelques sources qui alimentent Amsterdam. Ces dunes s'élèvent le long de la mer, à une hauteur de quatre-vingt mètres environ, et, par la chaleur qu'il faisait, c'était entreprendre une excursion bien fatiguante, puisqu'il y fallait aller à pied. Néanmoins nous avons bravement suivi le petit sentier qui y conduit, entre des haies fleuries, et, en peu de temps, nous sommes arrivées à ces remparts de sable, dans lequel croissent de petits arbres grêles. Après avoir gravi une heure, nous nous sommes trouvées dans un endroit où il n'y avait plus que de rares bruyères, et où le vent, soufflant sans obstacle, nous enlevait nos chapeaux et nos vêtements. Notre fatigue était telle, que ne pouvant aller plus loin, nous nous sommes étendues sur le sable, et de là, avons considéré l'immense horizon, pendant quelques instants. Ce repos nous a permis de reprendre haleine ; alors, sans être tentées d'aller plus haut, nous sommes descendues plus vite que nous n'étions montées, et presque fâchées de nous être tant fatiguées pour voir si peu de chose ; cependant ces dunes sont intéressantes et maintenant que nous sommes délassées, nous éprouvons du plaisir d'en avoir fait l'ascension. En retournant au château, où notre voiture nous attendait, nous avons passé près d'un hospice d'aliénés, situé au pied des dunes ; la vue de plusieurs de ces infortunés nous serra le cœur, et nous hâtâmes le pas pour nous en éloigner. Pendant qu'on préparait les chevaux, nous nous sommes rafraîchies, puis nous sommes rentrées à Harlem, que nous avons trouvée jolie, propre et gaie.

La cathédrale est un très beau monument du XVᵉ siècle ; nous y avons vu le tombeau de Laurent Coster, natif de cette ville ; nous y avons aussi remarqué, un navire suspendu à la voûte, en mémoire, dit-on, de la cinquième croisade, à laquelle William 1ᵉʳ, comte de Hollande, prit part. On aime sans doute les souvenirs dans ce pays, car un canon, attaché à la muraille de l'église, rappelle la guerre contre les espagnols. L'orgue de cette cathédrale est très renommé et nous aurions voulu l'entendre, mais ce n'était ni l'heure ni le jour de l'office, il fallut donc y renoncer.

Sur une place, qui s'étend devant la cathédrale, s'élève la statue en bronze de Laurent Coster ; non loin de là, est la maison où naquit cet homme célèbre, dont nous avons trouvé les premières œuvres au musée de la ville. Ses manuscrits, où l'on voit, pas à pas, le progrès de l'art de l'imprimerie, nous ont vivement intéressées. Une des salles de ce riche petit musée, contient de fort beaux tableaux de Frans Hals. Ces toiles représentent toutes des scènes historiques, où les personnages de l'époque, d'une ressemblance authentique et d'une expression saisissante, semblent prêts à exécuter des mouvements. Une petite pièce spéciale renferme des drapeaux, des émaux et mille autres objets antiques et précieux, que le gardien, homme respectacle et enthousiaste, fait valoir avec un patriotisme admirable, ce qui nous a pleinement satisfaites, car ce vieil hollandais, nous a donné tous les détails capables de nous intéresser.

Il est quatre heures, Harlem n'a plus rien à nous offrir, nous allons donc le quitter. J'aurais voulu en emporter quelques objets, j'ai même regardé des porcelaines de Chine et j'ai failli en acheter, mais nous avons encore tant de trajet à faire, qu'il serait embarrassant de transporter des choses cassantes ; je remets donc à plus tard les emplettes et nous disons adieu à ce joli pays des fleurs.

Nous partons pour Amsterdam ; adieu, chère amie, je t'écrirai des rives du Zuyderzée.

Mercredi, 2 Septembre.   Amsterdam.

Ma bonne amie, nous sommes arrivées avant-hier soir, vers six heures. Une voiture nous a amenées, en suivant une rue qui nous a paru interminable, jusqu'à *Amstel hôtel*, superbe établissement qu'on pourrait appeler un palais, et qui semble surgir des flots, car il domine une étendue d'eau si considérable que, de nos fenêtres, c'est presqu'effrayant à voir.

D'un côté, arrive l'Amstel étalant largement ses flots qui se jettent dans les mille canaux dont la ville est sillonnée ; d'un autre côté, c'est l'Y semblable à une mer ; puis, c'est le vaste, l'important Zuyderzée, océan lui-même. Amsterdam s'élève belle, superbe, du milieu de ces eaux courant en tous sens dans la cité, au moyen de larges canaux, sur lesquels plus de trois cents ponts sont jetés, pour relier entr'elles les quatre-vingt-dix îles qui composent cette florissante capitale, que Napoléon le Grand avait, avec raison, classée troisième ville de l'Europe. Des voies spacieuses, des places immenses, de superbes maisons, toutes en brique rouge, de grands arbres plantés au bord des larges canaux, tout est vaste et beau dans Amsterdam.

De notre balcon, nous avons une des plus magnifiques vues qu'on puisse imaginer. Eh! bien, je te l'avoue, chère amie, je me sens froid au cœur, en pensant que la rupture d'une digue pourrait inonder tout cela en un instant : cette imposante masse d'eau est effrayante! Les constructions ici, sont toutes faites sur pilotis, dans le sable et la vase; juge quelle attention continuelle il faut avoir pour en entretenir la solidité; pense à l'émotion qu'on éprouverait en étant réveillé par l'affaissement de sa propre maison, s'enfonçant dans le sable! Cette idée ne me laisserait pas reposer ici, je n'y pourrais vivre.

Le dîner de table d'hôte allait être servi; n'étant pas disposée à faire toilette, je ne descendis pas, mais, après le repas, nous sommes sorties en voiture, pour parcourir la ville, afin d'avoir un aperçu général des plus beaux quartiers, du port et des docks.

Hier, dès la première heure, nous visitions Amsterdam en détail. Nous nous sommes d'abord dirigées vers le palais royal. Ce palais est situé sur une vaste place où sont construites une grande église, la Bourse et plusieurs belles maisons. Au centre de cette place, s'élève une fontaine monumentale, surmontée d'une statue de la Concorde. L'entrée de la demeure royale n'est pas en harmonie avec la somptuosité du palais, dont les appartements magnifiquement ornés, et les murailles intérieures couvertes de fresques, sont splendides. La chambre du Conseil et celle du Trône sont imposantes; des trophées de la guerre d'Espagne y sont suspendus en grand nombre, et des fresques remarquables couvrent tous les panneaux; l'ensemble est grandiose. Nous avons voulu monter au faîte de l'édifice, terminé par une tour surmontée d'un vaisseau doré. Des galeries de cette tour, la vue embrasse tout le pays, cela n'a rien d'étonnant, puisque rien n'intercepte la vue; aussi la ville et la campagne se

sont déroulées à nos yeux dans toute leur richesse : la
capitale superbe et ses fertiles environs, des champs fleuris,
des rivières, des canaux innombrables et leurs pittoresques
circuits; le port et sa forêt de mâts; le Zuyderzée dans toute
son immense étendue, les moulins tournant au vent dans
le lointain, le clocher de Harlem, le chemin de fer jusqu'à
cette ville, les tours d'Utrecht, Zaadam, en un mot, un
horizon sans bornes qui nous permettait d'admirer un des
plus étonnants pays du monde. Nous avons donc, tu le com-

PALAIS ROYAL, A AMSTERDAM

prends, chère amie, été charmées de cette première visite,
et la seconde a été tout aussi agréable. Cette seconde visite
a été faite au *Ryks muséum*. Ce musée est, dit-on, le plus
riche de la Hollande; il contient les meilleures œuvres de
l'école hollandaise, et une foule d'autres toiles de grand
mérite. Nous en avons remarqué plusieurs de Rubens, de
Van Dyck, de Rembrandt, de Bartholomew, de Van der
Helst, de Du Jardin, de Holbeen, de Jan Steen, de Poter,
de Frans Hals, de Crayer, de Teniers, de Jordaens, de

Maas, etc., etc. Il devient impossible d'énumérer tant de chefs-d'œuvre. Nous avons ensuite visité les musées Van-der-Hoop et Fodor qui possèdent eux aussi, de vrais trésors artistiques.

Une belle statue de Rembrandt est érigée près de Weigheing house; plus loin, est le palais de l'Industrie, bel édifice construit en fer et en glace, et contenant un musée d'art. Les concerts et les spectacles ont lieu dans ce palais. Nous sommes allées au jardin zoologique, qui est sûrement l'un des plus beaux de l'Europe, mais qui nous a semblé, malgré sa grande réputation, bien au-dessous de celui de Londres.

Un vaste restaurant est construit au centre de ce jardin, et, comme nous nous sentions un peu lasses, nous y avons pris quelques instants de repos en nous rafraîchissant; puis, toujours curieuses, et en vrais touristes, nous avons continué nos visites.

Notre voiture a traversé le quartier juif, moins propre et plus populeux que les autres parties de la ville; toutes les femmes et tous les enfants travaillaient, assis devant les portes, et nous regardaient d'un air riant. Ce peuple aggloméré m'a rappelé les Juifs de Rome, mais quelle différence de propreté et d'aisance! ici, c'est le bien-être; à Rome, c'est la hideuse figure de la misère et de la malpropreté; ici, c'est l'industrie et l'aisance qu'elle procure; à Rome, c'est l'oisiveté et la pauvreté qui en résulte. Quoique le Juif aime l'argent partout, celui du Nord est plus travailleur que celui du Sud; la différence est trop frappante pour ne pas la constater.

Le plus grand établissement qui existe pour la taille du diamant, est à Amsterdam; nous n'avons donc pas voulu passer dans cette ville sans nous y arrêter, et nous l'avons, en effet, trouvé remarquable, autant par son importance que par sa bonne tenue. On nous a montré de superbes diamants, sortant de la main des ouvriers, et j'en aurais bien désiré quelques-uns ; mais, imitant le renard, j'ai dit : « Les jeunes filles ne portent pas de diamants. » En retournant à notre voiture, nous avons été presqu'effrayées de la multitude qui nous entourait, en tendant la main de tous côtés ; il a fallu fouetter vigoureusement les chevaux pour nous faire jour à travers cette foule avide. Enfin, après avoir admiré Amsterdam, nous sommes rentrées prendre un excellent dîner de table d'hôte. Nous désirions encore sortir le soir, pour voir la ville à la lumière ; mais, la pluie n'ayant pas permis l'exécution de ce projet, nous avons sagement pris la route de notre appartement, en fixant au lendemain un petit voyage à Saardam.

Aujourd'hui, malgré notre désir de partir de bonne heure, le premier bateau a été manqué, et il nous a fallu attendre celui de dix heures, mais, le temps ne nous a pas paru long. Ici, tout est si différent de ce qui s'est partout offert à nos regards, qu'à chaque instant, nous voyons du nouveau. Non seulement le pays a une singulière physionomie, mais les mœurs et les coutumes sont différentes des nôtres ; les costumes sont tout à fait originaux ; les hommes sont à peu près vêtus comme les Turcs ; ils portent d'amples vêtements de laine grossière ; les femmes, ont des types particuliers à la localité qu'elles habitent ; toutes ont la tête serrée dans une calotte de métal, or ou argent, qui cache complètement leurs cheveux, elles ont le front orné de ferronnières, et se parent de longues boucles d'oreilles et d'une sorte de bijou qui s'avance de chaque côté du front, comme des cornes de cerf-volant ; leurs doigts sont couverts de bagues ; on pourrait prendre ces femmes pour des étalages de bijouterie ; presque toutes ont des colliers d'or à plusieurs rangs. Nous les regardions avec une curiosité qui devait les étonner, sans doute, mais que tu dois comprendre. Ce luxe montre la richesse de ce peuple, et surtout, celle des habitants de Saardam qui sont, dit-on, tous millionnaires. La route que suivit le bateau offre, au départ, une belle vue : c'est l'em-

bouchure de l'Y, si large qu'on en aperçoit à peine les rives
à l'horizon; au loin, s'élèvent des dunes surmontées de
signaux; sur les flots se croisent des pavillons de toutes les
nations du monde, et Amsterdam se déroule au fond du
golfe, dans toute sa splendeur.

Le temps était beau; nous n'avons point été souffrantes,
et quelques heures de traversée ont suffi pour arriver à
Saardam, jolie petite localité qui ne mérite pas le nom de
ville, et dont toute l'importance est de posséder la cabane
qu'habita Pierre le Grand, lorsque, pour se dérober aux
importuns, il prit le nom et les vêtements d'un ouvrier
pendant qu'il étudiait, en cet endroit, la construction des
vaisseaux.

Il y a encore plusieurs chantiers de construction dans
ce bourg, mais ce qu'il y a en plus grande quantité, ce sont
des moulins à vent qui, dispersés sur les dunes, sont d'un
effet tout à fait pittoresque. Ici, plus encore qu'à Amsterdam,
je m'étonne que les eaux n'inondent pas le pays; les sables
qui servent de digues aux envahissements de la mer, sont
si peu élevés, que les eaux, affluant de toutes parts, semblent
de niveau avec les plaines.

Que ce doit être effrayant de voir l'Océan en fureur et
les vagues énormes déferler sur les rivages de ce point
extrême de la Hollande!

Avant de visiter Saardam, nous avons songé à déjeuner
car il était midi, et le grand air donne de l'appétit. Pendant
qu'on préparait le repas, nous avons visité une exposition
qui, précisément, est ouverte au public en ce moment.
Cette exhibition nous a paru fort curieuse par son origina-
lité : il y avait beaucoup d'anciennes porcelaines sur lesquelles
se retrouve, presque partout, le même sujet : c'est une femme
lancée dans l'espace par les cornes d'une vache. Cela rappelle
sans doute quelque légende du pays, mais, ne pouvant lire
le hollandais, nous n'avons pu comprendre le fait, dont
l'explication était écrite probablement dans les quelques mots

PIERRE LE GRAND, OUVRIER-CHARPENTIER A SAARDAM

gravés sur ces objets. Il y avait une quantité de diverses choses, provenant de toutes les parties du monde, mais tout cela perdait de son mérite à nos yeux, parce que, ne sachant pas la langue, nous ne pouvions nous renseigner sur rien.

Tu vois, chère amie, que j'ai raison de vouloir étudier toutes les langues vivantes.

En quittant l'exposition, nous sommes rentrées au restaurant, et là, ce fut une toute autre affaire pour nous expliquer, ou plutôt pour nous faire entendre. Personne ne nous comprenait, et le garçon qui nous servait, répétait nos paroles d'une façon si comique, que nous en riions aux éclats et que notre hilarité se communiqua bientôt à toute la salle. Ce garçon, déconcerté de son peu de succès pour parler le français, nous présenta la carte, afin que nous y choisissions nos mets. Autre embarras, car, à notre tour, nous ne savions pas ce que signifiaient ces mots formés de consonnes. Alors, au hasard, mon amie, pointant du doigt un mot, dit :

— Donnez-nous de cela.

Il la regarde.

— Donnez-nous-en, répète-t-elle.

Il la regarde toujours.

— Eh ! bien, donnez-en donc.

Il ne bouge pas et balbutie.

— Comment prononcez-vous donc ce mot ? ajoute-t-elle en élevant la voix.

Il continue à la regarder d'un air ébahi, mais sans répondre.

— Eh ! mais, dites-le, dites-le donc, dites-le, insiste-t-elle, s'impatientant tout à fait, dites-le ! dites-le !

Alors le pauvre diable, d'un air effrayé, et pointant à son tour du doigt le mot indiqué par mon amie, s'écrie en imitant le mouvement de ses lèvres, qu'il a pris le temps d'étudier : *Dites-le ! Dites-le ! Dites-le !*

Pour le coup, un immense éclat de rire retentit dans

toute la salle, tandis que le garçon étonné, s'éloignait, le doigt fixé sur le fameux mot et répétant avec calme : *Dites-le! Dites-le!*

Un instant après, il revenait portant ce mets que nous avons nommé du (*Dites-le*). C'était du pâté entre deux épaisses tranches de pain, le tout si mauvais, que nous ne pûmes le manger ; néanmoins, tout en riant de cette difficulté pour parler, notre repas s'est terminé tant bien que mal ; et en souvenir nous avons emporté nos serviettes.

Ne crois pas, chère amie, que nous ayons commis un vol ; les serviettes que l'on sert en ce pays, sont des morceaux de papier carrés. Sur l'un des coins des nôtres, était écrit en caractères roses : « bon appétit. » Or, pensant bien que ces papiers étaient destinés à chaque voyageur, nous les avons emportés, et je te les montrerai avec plaisir. Ayant ensuite demandé une chambre pour y avoir quelques heures de repos, il y eut encore un moment amusant ; les servantes se répétaient : chambre ! chambre ! mais impossible d'aller plus loin. L'une d'elles, se croyant plus fine que les autres, nous fit signe de la suivre. Et nous voilà descendant après elle, un escalier obscur ; nous pensions aller aux caves, en traversant couloirs et chais aussi sombres que profonds, dont nous désirions voir la fin, lorsque notre guide ouvrit une porte noire, donnant entrée dans une grande cuisine, d'où plusieurs marmitons sortirent, d'après un mot de la servante qui alors, nous poussant vers un étroit passage, nous montra... un cabinet ! Et nous voilà, tournant sur nos talons et retournant bien vite à la lumière. Il a donc fallu renoncer à la chambre et au repos, ce dont nous nous sommes d'ailleurs facilement passées. Nous avons pris un excellent dessert chez le pâtissier, puis nous nous sommes fait conduire au but de notre excursion, c'est-à-dire à la cahute de Pierre le Grand.

Un joli sentier, bordé de verdure, mène, en quelques minutes, à cette retraite, continuellement troublée par de

nombreux visiteurs. J'étais anxieuse d'y arriver, et je me
suis sentie tout émue en franchissant le seuil de terre battue
qui donne accès dans l'intérieur de la cabane. Cette habitation est composée de deux petites chambres contiguës,
dans celle où l'on pénètre d'abord, sont conservés intacts,
la table et l'escabeau du grand homme; au-dessus de la
cheminée, est suspendue une épée couronnée de l'illustre
nom de Pierre le Grand. Dans la seconde chambre, le portrait de l'homme extraordinaire et celui de l'impératrice
Catherine sont entourés de mille inscriptions et de signa-
tures célèbres, car il n'est pas un noble Russe qui ne vienne
visiter la chaumière de celui qui a fait la grandeur de la
Russie, en lui donnant la force et la gloire. Ce portrait
représente Pierre le Grand portant le costume d'ouvrier, et
au-dessus du tableau, on lit, en gros caractères : « Rien
n'est petit pour un grand homme. »

En contemplant les traits de ce héros, je me retraçais
toute son histoire, et moi, qui ai toujours eu pour cet empereur une admiration profonde, j'aurais voulu parler de lui,
faire son éloge, chanter ses louanges, mais ceux qui, comme
moi, visitaient cette humble et glorieuse chaumière, devenue
plus respectable qu'un palais, savaient sans doute, aussi
bien que moi, l'histoire de Pierre le Grand, et tous, en
silence, nous avons modestement inscrit nos noms sur un
registre placé, à cet effet, sur une table; puis, emportant
quelques feuilles d'un arbre qui ombrage le toit, nous avons
quitté cette cahute, qui n'a pour murailles que des planches,
et pour parquet que le sol battu, mais nous étions heureuses d'en avoir respiré l'air.

Vers quatre heures, nous étions sur le pont du bateau qui
cinglait vers Amsterdam.

Maintenant, chère amie, nous fermons nos malles et
allons partir pour Utrecht. Nous sommes toujours enchantées
de notre voyage que le ciel semble bénir, car, tout va au
gré de nos désirs.

Adieu, à bientôt, la voiture nous attend, je t'embrasse de cœur,

         Ton amie.

Samedi, 5 Septembre.   Bruxelles.

Trois jours sans t'écrire, chère amie! Tu dois nous croire mortes, ou du moins malades; ma lettre vient te prouver, non seulement notre existence, mais encore te dire que notre santé continue à être excellente et que, semblables à des oiseaux, notre incessant mouvement ne nous fatigue point. La rapidité seule de notre voyage a été la cause de mon silence. Aujourd'hui, je vais te donner mille détails sur nos excursions depuis notre départ d'Amsterdam.

Notre trajet, de la capitale à Utrecht, a été très court; nous y arrivions vers cinq heures; et, laissant nos bagages à la gare, nous nous disposions à visiter la ville, lorsqu'un charmant Monsieur, voyant que nous étions étrangères, s'approcha de nous, et nous indiqua obligeamment un bon hôtel où nous devions, dit-il, trouver une voiture convenable pour parcourir la ville. Utrecht rappelle quelques intéressants souvenirs, et nous voulions le bien connaître avant de continuer notre voyage.

Grâce à ce complaisant Hollandais, nous avons eu une excellente calèche pour visiter Utrecht. Cette ville date du viie siècle. On dit que le roi Dagobert Ier en bâtit la première église. Maintenant, Utrecht est une cité charmante qui ne rappelle rien d'antique. De larges voies la traversent en tous sens, des promenades délicieuses bordent les canaux et le Rhin, qui s'y divise en deux branches, dont l'une va se jeter dans la mer du Nord, et l'autre, dans le Zuydersée. Consulte ta carte et tu y verras que je ne te trompe pas.

Un souvenir historique, ma bonne amie, ne te fera pas peur ; c'est dans cette ville que fut conclu, en 1713, le fameux traité qui termina la guerre de la succession d'Espagne. J'aime à me rappeler tous les faits de notre histoire ; il faut bien que tu m'écoutes. Nous ne sommes pas montées à la tour de la cathédrale, quoiqu'on y jouisse d'une belle vue, mais, ayant déjà admiré le pays de divers points, nous nous sommes bornées à parcourir cette coquette ville et ses boulevards qui, autrefois remparts importants, sont aujourd'hui transformés en charmantes promenades, bordées de fleurs superbes.

Toutes contentes de l'impression qu'Utrecht nous avait fait éprouver, nous nous sommes dirigées vers la gare pour être à Nimègue le soir même. Nous voulions visiter cette ville, non seulement en l'honneur du traité qui y fut conclu en 1678, entre Louis XIV et Charles II d'Espagne, mais encore parce que cette ville est fort jolie. Nous allions prendre nos billets lorsque l'inconnu, que nous avions déjà rencontré à notre arrivée, se trouva encore sur notre passage, et, s'approchant aussitôt, il nous offrit une seconde fois ses services.

Nous lui fîmes connaître notre itinéraire, il nous avertit que la voie ferrée s'arrêtait à Nimègue, et que, par conséquent, si nous allions dans cette ville, il nous faudrait revenir sur nos pas pour continuer notre voyage.

Cet avis nous fut très utile, car l'attrait que nous offrait Nimègue n'était pas assez fort pour nous faire exécuter ce double trajet ; nous y renonçâmes immédiatement nous décidant à passer la nuit à Utrecht, d'où nous irions directement à Anvers, le lendemain.

Jeudi matin donc, vers neuf heures, nous étions en gare ; et, qui penses-tu que nous y avons rencontré ? Encore notre charmant et aimable guide ! De plus en plus gracieux, il s'était rendu à l'heure du départ pour nous faciliter tout, et nous préserver de tout embarras. Il s'occupa de nos bagages, de nos billets, de ces mille préparatifs nécessaires, mais quelquefois difficiles dans un pays dont on ignore la langue. Ce parfait gentleman voulait sans doute nous faire emporter une bonne opinion de l'amabilité des Hollandais, en les jugeant tous d'après lui-même.

Nous échangeâmes nos cartes de visites : la sienne portait M. Bie, administrateur des chemins de fer. Il nous promit de venir nous voir en France, et, après nous avoir installées dans le meilleur compartiment du train, il nous dit adieu et au revoir.

Nous n'oublierons sûrement pas cet aimable et complaisant étranger.

Nous allions entrer en Belgique ; mais le pays que nous traversions offre à peu près le même aspect que celui d'Amsterdam à Utrecht, aussi, est-on déjà à Anvers sans s'être aperçu qu'on a quitté la Hollande.

A Breda, frontière des deux petits royaumes, tous les voyageurs mirent pied à terre pour la visite de la douane. Cette formalité, toujours ennuyeuse, s'accomplit cependant sans aucune contrariété.

A Anvers, nous descendîmes à l'hôtel *Saint-Antoine,* et, dès que nos chambres y furent choisies, nous allâmes à la cathédrale, voir les chefs-d'œuvre de Rubens. Cette église est la plus belle des Pays-Bas : il est fâcheux qu'elle soit entourée de maisons qui empêchent d'admirer l'architecture extérieure. L'intérieur est superbe, cependant, on s'arrête peu à le contempler : les œuvres des grands maîtres attirent seules l'attention. C'est surtout la *Descente de Croix de Rubens* qui frappe d'admiration ; il y a aussi la *Salutation,* la *Présentation au temple, Saint Christophe portant le Sauveur,* et *l'Assomption,* qui ont un charme infini, ainsi que le *Saint François de Murillo.* Nous sommes restées plusieurs heures en contemplation devant ces splendides productions du génie, et nous étions tellement en extase, qu'il a fallu nous avertir qu'on allait fermer l'église, ce qui se fait, paraît-il, en ce pays, à certaines heures du jour.

Il pleuvait, nous montâmes donc en voiture pour aller à l'église Saint-Paul. En passant devant la Place Verte, nous remarquâmes la statue en bronze de Rubens.

RUBENS

On entra dans l'église Saint-Paul par une cour qui faisait autrefois partie d'un ancien couvent dont cette église dépendait. Dans cette cour, est un *Calvaire,* c'est-à-dire une petite élévation formée de rocs, sur lesquels on a placé les statues des personnages qui ont paru dans la Passion. Au sommet

9

de ce calvaire, s'élève une croix. La représentation est parfaite; c'est simple et touchant.

Saint Paul possède un grand nombre de toiles célèbres, il y en a de Rubens, de Van Dyck, de Crayer, de Téniers et d'autres maîtres. Cette église et la cathédrale sont de vrais musées. Nous étions charmées de voir tant de chefs-d'œuvre réunis, et la nuit est venue trop tôt, à notre gré, nous forcer de rentrer à l'hôtel.

Le dîner était servi et nous le trouvâmes excellent; aussi m'étonnais-je de ce que ma voisine de table ne mangeât pas, disant que tout était mauvais.

C'était une Anglaise. Quand elle m'eût appris sa nationalité, je m'expliquai son dégoût pour les mets délicats. En effet, la nourriture fade de l'Angleterre ne ressemble guère à celle qu'on nous servait, mais l'habitude rend bonnes les choses les plus insipides, telles que le brouet noir des Spartiates.

Hier, vendredi, nous nous sommes hâtées d'aller au musée, où nous savions devoir trouver encore des tableaux superbes.

Tu sais, chère amie, que nous sommes des amateurs exigeants, et cependant, notre attente n'a point été déçue, car c'est la plus belle collection de la Belgique. Il me serait aussi impossible de te nommer tous les chefs-d'œuvre que renferme ce musée, que de te citer le nom de leurs auteurs. Anvers est une seconde Florence; il faudrait plusieurs jours pour bien voir ce qu'on y trouve d'admirable; aussi, en nous éloignant de ces trésors artistiques, mon amie a acheté les photographies des plus belles œuvres que nous avions remarquées, afin d'en conserver le souvenir dans ses albums.

Après avoir rendu hommage aux beaux-arts, il nous restait à connaître la ville, et nous l'avons parcourue.

Anvers est situé sur l'Escaut; c'est une grande place de commerce, c'est aussi le principal port de la Belgique, et le grand arsenal de ce petit royaume. Du côté du fleuve, on voit un immense mouvement qui donne l'idée de l'importance commerciale de cette ville. Près du palais royal, nous avons remarqué la maison du peintre Rubens, dont la façade est couverte de bas-reliefs et soutenue par deux colonnes corinthiennes. Plusieurs autres édifices fort beaux ont encore attiré notre attention, surtout le palais de Charles-

VAN DYCK

Quint, construit dans le style espagnol. Toute la façade se compose de petites colonnettes rapprochées les unes des autres, et remplissant les intervalles qui existent entre les innombrables croisées dont elle est percée. Cette demeure royale a dû être magnifique, à en juger par le grandiose de l'extérieur.

Il pleuvait encore, et Amélie, ayant perdu le parapluie de
sa mère, nous allâmes voir s'il avait été trouvé et déposé à
l'hôtel de ville; cela nous donna l'occasion de visiter cet
édifice, qui n'offre, d'ailleurs, rien d'intéressant. Nous y
laissâmes notre adresse, afin qu'on pût nous envoyer ce
parapluie à Bruxelles, s'il se retrouvait; puis, disant adieu
à la riche Anwerpt, nous partîmes pour Malines, où nous
étions à trois heures.

Les habitants de Malines sont, dit-on, d'un caractère
très calme; ils détestent tout ce qui peut porter atteinte à
leur repos. Je suis disposée à croire à la vérité de cette
réputation, car la ville montre le goût de ses habitants :
les rues sont désertes, on peut s'imaginer être dans un
endroit inhabité. C'est à grand'peine que nous avons pu
nous procurer une voiture, dont le conducteur, à force
d'argent, consentit à nous faire visiter ce que nous désirions
voir. Nous nous sommes arrêtées d'abord à la cathédrale
qui possède la *Pêche miraculeuse* de Rubens et quelques
autres beaux tableaux, qu'un sacristain, tout endormi, s'est
résigné, moyennant une grosse pièce, à dévoiler à nos yeux;
puis, il a lentement abaissé le rideau qui couvre ces chefs-
d'œuvre, et nous a fait faire le tour de l'église à pas lents.
Cette visite terminée, nous avons exploré la ville, qui n'est
ni grande ni gaie; nous avons eu toutes les peines du
monde pour trouver de ces fameuses dentelles, appelées
malines, du nom du lieu où on les fabrique; il n'y a point
d'ateliers; chaque ouvrière travaille tranquillement chez elle,
et rien n'indique ce commerce; tout est silencieux et caché
dans cette cité. Avant de la quitter, nous avons songé à dîner,
ne devant arriver à Bruxelles qu'à dix heures; mais les
bons Malinois ne s'inquiètent point des voyageurs; on
dîne à midi, et, passé cette heure-là, il n'y a plus possibilité de se faire servir un repas, même dans le meilleur
hôtel, et à n'importe quel prix. Nous n'avions donc pas le
choix; il n'y avait qu'à prendre le premier train partant

pour Bruxelles. C'est ce que nous fîmes, et, malgré notre
appétit de touristes, il nous a fallu attendre d'être arrivées
en cette ville pour nous réconforter; mais, comme il était
fort tard, nous n'avons eu qu'un mauvais souper, après
lequel nous avons pris, non sans besoin, une nuit de repos.

Ce matin enfin, chère amie, je t'écris cette lettre, qui va
te paraître un volume; mes aimables compagnes dorment
encore, dès qu'elles seront levées, nous quitterons cet hôtel
qui est situé dans la ville basse, et nous irons dans la partie
élevée de Bruxelles. De là, je t'écrirai encore, car nous
voulons séjourner ici pour visiter tous les environs; et,
puisque nous établissons ici notre quartier général, il faut
que ce soit dans un quartier agréable.

Adieu, ma bonne et bien chère amie, chaque jour me
rapproche de toi; nous touchons à la frontière de notre
patrie, à notre belle France, où bientôt j'aurai la joie de
t'embrasser.

Adieu.

Dimanche, 6 Septembre.Bruxelles.

La vie est si animée ici, ma chère amie, que je veux
t'écrire, dès ce matin, avant toute autre occupation, de
crainte de ne pouvoir le faire plus tard.

Hier, dès neuf heures, nous sommes venues nous installer
à l'hôtel *Bellevue*, situé sur la place Royale, et dominant
la ville et le parc. De nos fenêtres, la vue est magnifique,
mais nous n'en jouirons pas, car nous ne restons guère
dans notre appartement, tu le sais. Aussitôt après déjeuner,
nous avons commencé nos courses. La première a été pour
la cathédrale, magnifique basilique, de style gothique, dont
les nobles proportions, les riches décors et les beaux vitraux

attirent tour à tour l'attention. Ayant payé notre juste tribut d'admiration à ce bel édifice, nous avons voulu voir une exposition, dont l'inauguration avait lieu précisément ce jour-là, et devait être présidée par la famille royale. C'était, tu le vois, une circonstance fort agréable pour nous; aussi, malgré le prix élevé des billets d'admission, nous nous en sommes procuré, et avons pris place parmi la société choisie qui, comme nous, désirait, non seulement voir l'exhibition de l'industrie belge, mais encore s'approcher du roi et de sa famille.

Une heure d'attente nous permit d'admirer les superbes dentelles et les autres produits du pays; cependant, nous commencions à trouver le temps long, lorsqu'un aide de camp arriva et fut bientôt suivi de la Cour. On avait élevé une estrade entourée de velours cramoisi, et surmontée d'un dais doré, orné de guirlandes de chêne. La famille royale y prit place, et plusieurs discours furent successivement débités. On n'entendait pas un seul mot, mais on applaudissait. Heureusement que ce ne fut pas très long.

Le cortège des princes défila à nos côtés, et parcourut avec nous les diverses parties de l'Exposition.

Le roi et la reine paraissent jeunes encore, leur fille les suivait, appuyée au bras du comte de Flandre; elle est blanche et rose, vrai type flamand. Plusieurs dignitaires entouraient les souverains; on ne voyait qu'uniformes, épaulettes, épées, toilettes somptueuses et femmes souriantes.

Nous sommes restées mêlées à la Cour jusqu'à six heures; alors, il a fallu rentrer pour dîner.

Notre soirée s'est agréablement passée à la promenade. De notre voiture découverte, nous avons admiré la ville à la clarté de ses mille becs de gaz, et nous l'avons trouvée fort belle; elle ressemble complètement à nos grandes villes françaises; certains quartiers sont superbes; tout le monde parle notre langue à Bruxelles.

Nous sommes rentrées tard : c'est ce qui prolonge le sommeil de mes amies ce matin ; mais, dès leur réveil, nous reprendrons notre vol.

Adieu ma toute belle, je vois avec joie que le moment de te revoir approche, et que bientôt, je t'embrasserai en réalité.

Dimanche, 6 Septembre.   Bruxelles.

Je ne puis m'endormir ce soir, ma bonne amie, je ne sais quelle inquiétude me tient éveillée ! Cependant, notre journée a été aussi agréable que les précédentes ; nous avons d'abord entendu la messe dans la belle cathédrale, puis nous avons visité le musée où, comme d'habitude, notre enthousiasme a trouvé lieu d'être charmé. A cette visite, a succédé une longue promenade en calèche, pendant laquelle nous nous sommes arrêtées un moment au Parc, où la musique avait attiré une charmante réunion ; de là, remontant en voiture, nous sommes allées voir une famille, connue de mon amie.

Tout le monde a été ravi de la recevoir avec ses charmants enfants. En rentrant à l'hôtel, un excellent dîner nous a été servi, et enfin, ne voulant pas sortir ce soir, nous nous sommes groupées dans notre appartement, et chacune a fourni sa part de gaieté à la conversation. Les enfants, bien à l'aise, ont ri et folâtré jusqu'à neuf heures ; mais, vers cette heure-là, Amélie a senti des frissons, elle était glacée en se mettant au lit. Est-ce cela qui me tient éveillée ? Sans doute, car je suis inquiète, et je viens causer avec toi, ma douce amie. Tu ne ris jamais de mes prévisions, et si tu les combats parfois, c'est avec tant de tendresse, que je me sens toujours consolée auprès de toi. Dieu veuille que mes appréhensions de ce soir, soient un excès d'affection pour ma jeune amie.

Adieu, il est près de minuit, tout repose autour de moi, excepté peut-être la bonne mère, mais personne ne parle, j'éteins ma lampe.

Adieu.

Lundi, 7 Septembre.   Bruxelles.

Je ne puis te dire que j'ai eu tort, ma bonne amie, car Amélie n'est pas bien ; cependant, comme elle nous assure qu'elle n'éprouve qu'un léger malaise en respirant, nous partons pour Waterloo, et je t'écris, en route, ce que je vois.

Il a plu cette nuit, le temps est frais, ce qui fait espérer une délicieuse promenade. Notre calèche suit une route spacieuse et arrive bientôt à l'entrée de la forêt de Soignes. Cette forêt est immense ; on y a tracé, en tous sens, des voies carrossables ; les arbres y sont d'une hauteur prodigieuse, leurs longues branches entrelacées forment de majestueuses voûtes qui permettent à peine aux rayons du soleil d'y pénétrer. Quelques trouées laissent apercevoir de riants coteaux, de fraîches vallées, et nous marchons sous ces superbes ombrages, bercées par cette voix de la nature, par ce murmure confus qui s'élève du bruissement vague du feuillage, et jette l'âme dans une douce rêverie. Dans l'admiration de ce qui nous entoure, nous oublions presque le but de notre course, mais, après quelques heures de trajet à travers la forêt, nous arrivons à des chemins découverts, et bientôt après à la ferme du Mont-Saint-Jean.

Là, nous déjeunons, puis, nous prenons un guide pour nous expliquer les différentes positions des armées sur ce célèbre champ de bataille, glorieux, mais triste aussi pour nos cœurs français.

Ce guide paraît aimer la France ; il nous parle beaucoup de l'impression que chaque peuple a laissée dans ce pays.

Quand l'ennemi était ici, dit-il, l'Allemand prenait de
force tout ce qu'il trouvait ; l'Anglais prenait aussi, mais
il payait ; le Français demandait honnêtement, et, quand il
avait, il partageait avec ceux qui n'avaient pas.

Voilà les trois caractères bien définis par cet homme
naïf : la force brutale, le droit rigide, la loyauté généreuse.

Nos cœurs battent à la vue de cette immense plaine,
où tant de braves ont trouvé la mort, et nous écoutons,
dans un religieux silence, le récit de ce combat de Géants,
où les vaincus furent plus grands que les vainqueurs, où
l'illustre défaite fut magnanime, où les vainqueurs furent
des traîtres.

Ici, l'on peut s'écrier sans passion, mais avec justice :

« Honte aux Vainqueurs ! Gloire au Vaincu ! » celui-ci a combattu en héros et s'est rendu en homme d'honneur. Honte à ceux qui l'ont trahi, honte à ceux qui ont enchaîné le sauveur de la France, l'homme loyal qui se confiait à eux !

Mais, n'avaient-ils pas brûlé Jeanne d'Arc ! Un monticule énorme, surmonté d'un lion gigantesque, rappelle le souvenir de cette lutte héroïque.

J'espère que ce lion posé là, par les vainqueurs, comme une sentinelle insultante, se retournera un jour contre eux, que sa griffe puissante frémira de colère, qu'il rugira, excité par la fumée du sang qui baigne la base de son piédestal, et qu'il marchera avec nous pour assouvir sa soif. Il secouera alors son épaisse crinière et écrasera ceux qui ont osé enchaîner la liberté, méconnaître la loyauté et flétrir notre gloire !

L'œil voilé, le cœur triste, nous parcourons toutes les places sacrées de ce champ de bataille : La Haie-Sainte, Goumont, Belle-Alliance et autres, où nos armées se firent tuer sans reculer, en faisant retentirent ces mots sublimes : « La Garde meurt et ne se rend pas ! »

Partout ici, les soupirs oppressent notre poitrine, et néanmoins, nous sommes fières d'être Françaises, car, même ici, ici où la France a été vaincue, ici l'on vénère la France !

Il est tard, notre chère petite Amélie se sent plus fatiguée ; nous rentrons en passant par le magnifique bois de la Combe. Ce parc mérite l'admiration ; il est superbe, mais nous avons hâte d'arriver pour faire reposer ma bonne petite amie, qui en a besoin. Cependant, elle veut dîner à table d'hôte, et pour ne pas la contrarier, son excellente mère y consent. L'enfant n'a point d'appétit ; je crois qu'elle a de la fièvre. Nous allons la mettre au lit, et je n'ose exprimer mon inquiétude à sa tendre mère qui est déjà toute tourmentée. Je veillerai cette nuit sur le sommeil

de la chère petite amie à laquélle j'ai donné un breuvage
qui, je l'espère, la remettra.

Que Dieu aide ma main en éclairant mon amitié.

Adieu, ma toute bonne, je t'écrirai demain.

Mardi, 8 Septembre.   Bruxelles.

Grâces à Dieu, notre chère Amélie est mieux. La nuit
a été mauvaise, la fièvre a été ardente, la respiration génée
et le sommeil très agité ; mais, vers le matin, la fièvre
a cessé, les symptômes inquiétants ont disparu, et ce soir,
elle se sent bien. Nous n'avons qu'à remercier le Ciel de
nous avoir si promptement rendu le calme.

Je m'empresse de te donner cette bonne nouvelle, ma
chère amie, car je sais que tu as partagé mon inquiétude.
Dans ce moment, Amélie dort paisiblement ; sa mère et
ses sœurs sont allées dîner ; moi, j'ai voulu rester encore
auprès de la chère enfant, et je suis heureuse de te dire
qu'elle est bien.

Je t'embrasse de tout cœur.

Adieu.

Mercredi, 9 Septembre.   Bruxelles.

Je t'envoie à la hâte ces deux mots pour te dire que ma
jeune amie va tout à fait bien, quoique nous prenions mille
précautions, comme si elle avait été très malade. Elle est
sortie avec sa mère et ses sœurs pour visiter des fabriques
de porcelaines. Je suis restée à l'hôtel où j'ai quelques

préparatifs à faire pour le départ et ma correspondance à expédier, car nous devons quitter Bruxelles ce soir, à quatre heures.

Adieu, chère belle, mille tendresses de ta toute dévouée.

———

Jeudi, 10 Septembre.   Gand.

Nous avons repris notre vie active que l'indisposition d'Amélie avait un instant enrayée. Que de choses n'avons-nous pas vues depuis hier! Tu en seras étonnée, ma chère amie, je ne parle pas du voyage; le pays est si uniforme qu'il est inutile de le regarder longtemps; ce que j'en ai dit se répète partout.

Nous sommes arrivées ici, par une pluie torrentielle, et avons été heureuses de trouver un appartement à l'*Hôtel de la Poste*, car l'*Hôtel Royal*, où nous voulions descendre, était au complet. Mais, ce n'était pas perdre au change; nos chambres sont superbes et la table est bonne.

Dès ce matin, après avoir fait monter notre chocolat pour être plus tôt prêtes, nous nous sommes installées dans une large voiture, et nos courses ont commencé.

Nos premiers pas se sont dirigés vers la cathédrale qui est fort belle : architecture gothique et magnifiques décors intérieurs. Les murailles sont couvertes des armoiries des Chevaliers de la Toison d'or, le chœur est presque complètement revêtu de marbre blanc et noir, les hautes grilles qui l'entourent sont en bronze; vingt-quatre riches chapelles, dédiées à différents saints, embellissent encore cette majestueuse église, qui possède aussi plusieurs tableaux de grands maîtres.

Nous aurions passé la journée entière à examiner tout cela, si nous n'avions pensé à ce qui nous restait encore à voir. La raison nous guidant toujours, nous avons payé notre tribut d'admiration à la cathédrale et nous sommes allées à Saint-Michel, autre église gothique, également fort intéressante et possédant aussi des tableaux d'un rare mérite.

Les visites aux temples sacrés étant terminées, on nous a conduites au Béguinage.

Je t'entends me dire : Qu'est-ce que le Béguinage? Et ton étonnement ne me surprend pas, car c'est une institution inconnue dans nos contrées, quoiqu'elle soit fort ancienne. On en fait remonter l'origine à sainte Bègue, sœur de Charlemagne.

Les femmes qui entrent dans cette communauté, ne ressemblent point aux religieuses; elles vivent séparées, une ou deux au plus, dans une petite maison et ces petites maisons, bâties côte à côte, forment des rues dont la réunion constitue une petite ville ayant des places, un marché, une église et même une enceinte comme au moyen âge; tous les soirs de grosses chaînes en ferment l'entrée. Le nom de chaque Béguine est écrit sur la porte de sa demeure. Ces femmes s'occupent au travail manuel, et surtout à la confection des dentelles. Elles ne se réunissent que dans leur église à l'heure de l'office; ce doit être une vie bien ennuyeuse, et cependant, il y a, en ce moment, plus de sept cents Béguines, nous a-t-on dit.

La visite de ce Béguinage nous a beaucoup intéressées; nous y avons acheté des dentelles dont je t'apporterai les plus jolies.

Nous avons ensuite vu les serres du bourgmestre qui a le plus beau jardin exotique que l'on puisse rêver; c'est la végétation orientale dans toute sa luxuriante richesse, les lianes flexibles s'enroulent autour des plus beaux arbres, les feuillages les plus délicats se mêlent aux branches les plus robustes, les mousses les plus fraîches couvrent le sol et des fleurs de toute espèce se balancent au-dessus d'un charmant petit lac creusé au centre de cette serre, qu'entoure un palais de cristal.

Nous y avons cueilli quelques fleurs en souvenir et nous nous sommes hâtées d'aller déjeuner, notre appétit criait famine, car une heure sonnait à l'hôtel quand nous y entrâmes.

Cependant, notre repas a été vite terminé, et, sans prendre de repos, nous avons continué nos visites.

En parcourant la ville, nous avons remarqué la statue de Jacques Arteveld, ce brasseur devenu célèbre par son audacieuse révolte contre le comte de Flandre, son maître légitime; puis notre attention s'est portée sur différents édifices, le Casino, plusieurs maisons espagnoles datant du règne de Charles-Quint, et le palais de Maximilien d'Autriche.

Je te parlerai de tout cela dans nos longues causeries d'hiver, aujourd'hui, je ne puis t'en dire davantage, on m'appelle pour choisir des dentelles, nous en avons acheté une quantité, on en voit de si belles ici, que c'est une véritable tentation.

Adieu, ma bonne amie, nous sommes un peu fatiguées, aussi, les enfants vont aller dîner sans nous, je leur remets ma lettre pour qu'elle te soit expédiée ce soir même.

Adieu, à toi de cœur.

Vendredi, 11 Septembre.   Ostende.

C'est en frissonnant au bruit de la tempête que je t'écris, ma bonne amie. Nous voilà en face d'une mer furieuse, dont les vagues déferlent en mugissant sur la large plage d'Ostende. Il pleut à torrents, le vent souffle de tous côtés faisant un vacarme épouvantable.

De nos fenêtres, nous admirons le bouleversement des

flots, ce qui nous fait ressentir un certain bien-aise d'être à l'abri.

Mais, laisse-moi te raconter nos périgrinations depuis Gand, d'où je t'ai écrit hier soir.

Ce matin, à neuf heures et demie nous avons quitté cette ville dont Charles-Quint était si fier, qu'il prétendait « faire entrer notre Paris dans son Gant ! »

Que dirait-il s'il revenait en ce monde aujourd'hui, et qu'il pût voir notre capitale ?

Cependant, soyons juste : Gand est une jolie ville, et, au xvi⁰ siècle, elle devait paraître belle. Tout est relatif ici-bas.

Le train qui nous emportait a mis peu de temps de Gand à Bruges. Avant d'entrer en ville, nous avons expédié notre malle à Paris afin d'éviter le transport de cet embarassant colis qui nous devenait inutile dans les courts trajets de la Belgique. Alors, sans aucun fardeau nous sommes descendues à l'*Hôtel de Flandre*, et, après y avoir commandé notre repas, nous sommes allées visiter la cathédrale qui possède de fort beaux tableaux, comme il s'en trouve à peu près dans toutes les églises des Pays-Bas.

Nous avons aussi visité l'église de Notre-Dame, où l'on admire une vierge de Michel-Ange, le tombeau de Charles le Téméraire et celui de Marie de Bourgogne sa fille. La magnificence de ces deux sépultures est digne de la grandeur de ceux dont elles contiennent les cendres.

En parcourant la cité, nous avons remarqué la statue de Van Dyck et le palais de Maximilien, qui n'offre rien de grandiose. Le palais de Justice, que nous avons visité, n'a rien d'intéressant si ce n'est une vaste cheminée décorée de bas-reliefs représentant les armoiries de Bourgogne. Nous avons vu la tour du beffroi que notre cocher, tout en gesticulant, nommait pompeusement *la belle froid ;* enfin, vers une heure, notre voiture s'arrêtait à la chapelle du Saint-Sang, charmant édifice, riche en sculptures et en ornements. L'intérieur est admirablement décoré, mais, ce qui attirait surtout notre curiosité et notre dévotion c'était le Saint-Sang de Jésus-Christ dont on possède une relique. Ce précieux sang est contenu dans une fiole, on le dit authentique, il est exposé dans cette église jusqu'à midi, tous les vendredis, et voilà que notre stupide cocher nous amenait là trop tard !

Aucun pouvoir humain n'est capable de faire ouvrir la cassette sacrée où l'on renferme la fiole, quand l'heure de l'exposition est passée.

Il a donc fallu nous contenter d'admirer la châsse d'or enrichie de pierreries, dans laquelle on expose la relique divine. Nous nous sommes pieusement agenouillées devant ce tabernacle, et nous avons ensuite quitté l'église en maugréant contre notre cicérone qui nous avait fait perdre la faveur extraordinaire de voir le *Saint-Sang du Sauveur*.

C'était l'heure du repas, et, dans cette ville essentiellement pieuse, l'hôtel servait un dîner maigre, auquel nous avons fait honneur, car nos longues promenades nous avaient ouvert l'appétit.

N'ayant plus ensuite rien à voir à Bruges, nous en sommes parties à quatre heures, et nous voilà à Ostende depuis quelques instants, ainsi que je te l'ai dit en commençant ma lettre.

On s'occupe d'installer notre appartement, les chambres sont si petites, que nous serons toutes séparées cette nuit, excepté notre chère petite, que nous nommons notre bijou, à laquelle on dresse un lit près de celui de sa mère, mais ce lit est si court, que ses jambes passent par-dessus bord, et nous allons tâcher de lui trouver un meilleur moyen de se reposer.

Adieu, ma bonne amie, je t'écrirai demain.

Samedi, 12 Septembre.   Liège.

La tempête a duré une partie de la nuit, mais ce matin, le soleil, quoique pâle, s'est montré à l'horizon et nous a permis de faire une longue promenade.

Ostende ne nous a rien offert de remarquable, si ce n'est sa plage et ses parcs à huîtres, sa plage, nous l'avions déjà admirée hier, ses huîtres; nous les avions goûtées au dîner, mais nous voulions voir les fameux réservoirs qui alimentent la France et même d'autres contrées. Nous avons été satisfaites de notre curiosité, car ces nombreux et immenses réservoirs, entretenus avec un soin extrême, sont uniques dans le monde, ils contiennent non seulement des huîtres, mais toute sorte de poissons, en quantité considérable.

Le vent étant très violent, nous n'avons pas continué notre promenade et n'ayant rien à voir de remarquable à Ostende, nous nous sommes disposées au départ. En attendant l'heure de l'express, nous avons parcouru les magasins et la belle plage sur laquelle toute la société était réunie, c'était le moment de la marée, spectacle toujours imposant; la mer était magnifique; les vagues furieuses déferlaient sur le sable et se brisaient en mugissant contre la formidable digue qu'on a transformé en promenade, et du haut de laquelle nous pûmes contempler le grandiose mouvement des flots. Cette vue pleine de charme nous aurait retenues longtemps à la même place, mais l'heure du départ nous a ramenées à la gare.

Là, un voyageur au teint jaune, à l'air malade, s'est installé dans notre wagon, en disant qu'il ne fumait pas et qu'il aimait à être avec les dames. Nous aurions bien préféré qu'il fumât et nous laissât seules, mais il fallut nous résigner. Il se montra d'ailleurs fort discret, ne nous adressa pas même la parole, et se contenta du fond de son coin, de nous

regarder. C'était une vue agréable pour lui, sans doute, et le
voyage se fit silencieusement. Il dura peu, comme tous les
trajets faits en Belgique, où toutes les villes se touchent,
pour ainsi dire.

Nous sommes arrivées à Liège et installées dans l'*Hôtel
de Suède*. Nos chambres sont fort belles, tout m'y plaît,
excepté un tire-botte qui vient de me causer une frayeur
horrible. Ce meuble, indispensable dans un hôtel, a, ici, la
forme d'un énorme crapaud que j'ai cru vivant, car il s'était
accroché à ma robe et m'a suivie un moment. Mais, mon
effroi s'est calmé quand j'ai reconnu mon erreur, et la gaieté
qui en est résultée dure encore parmi les enfants, auxquels je
me joins pour rire de bon cœur.

Adieu, chère amie, je t'embrasse en te disant, à bientôt.

Dimanche, 13 Septembre.   Spa.

Nous voilà dans l'une des plus pittoresques villes de la
Belgique, ma bonne amie, je ne puis t'en dire encore qu'un
mot, car nous sommes à peine arrivées à Spa, mais la
situation de cet endroit est charmante, et je te dirai si ma
première impression a été détruite par la seconde.

Hier soir, je t'ai dit adieu de Liège, ce matin, nous avons
entendu la messe dans la cathédrale de cette ville et y avons
retrouvé, comme dans toutes nos églises, cette même unité
qui m'a toujours frappée dans mes voyages.

En France, cela ne se remarque pas, nous trouvons tout
naturel d'entendre la langue maternelle du haut de toutes
nos chaires sacrées, et d'assister aux mêmes cérémonies dans
toutes nos églises, mais quand on se trouve en pays étranger,
où tout est différent de nos usages, où tout nous étonne,
précisément par la dissimilitude des mœurs et des coutumes,

alors on éprouve un charme indicible en entrant dans une
église catholique, car, à quelque distance que l'on soit de sa
patrie, dès qu'on franchit le seuil de nos temples, on se sent
parmi des frères, les mêmes prières, les mêmes fêtes, les
mêmes chants, je puis dire les mêmes pensées, on est
réellement en famille.

Ah ! je comprends aisément que les premiers chrétiens,
menacés d'exil par leurs persécuteurs, répondissent sans
trembler : « Notre patrie ici-bas est partout, notre patrie
véritable n'est qu'au ciel ! »

Après avoir accompli nos devoirs religieux, nous avons
parcouru les principaux quartiers de la ville, et, quoique la
plupart des magasins fussent fermés, en l'honneur du
dimanche, nous avons pu faire quelques emplettes.

Nous désirions partir à deux heures ; aussi, après le
déjeuner, n'avons-nous eu que le temps juste pour visiter
la forteresse d'où l'on jouit d'une admirable vue sur la ville,
l'Ourthe et la Meuse.

A l'heure dite, nous quittions Liège. La route que suit le
chemin de fer est délicieuse, pittoresquement semée de manu-
factures et de villas, elle traverse plusieurs fois la Vestre,
jolie petite rivière, dont les rives sont aussi charmantes que
la contrée qu'elle arrose.

Près de là, se trouvent les fameuses mines de zinc de la
Vieille montagne et la petite ville de Chaufontaine, dont les
eaux thermales attirent beaucoup de monde. Ensuite vient
Pépinster ou Pépin's terre (terre de Pépin). Ce territoire fut
jadis la propriété du père de Charlemagne.

En cet endroit, on nous fit changer de train et nous prîmes
la direction du sud. La contrée, très montagneuse, me parut
de plus en plus intéressante, malheureusement, la pluie qui
était survenue nous força à tenir les glaces fermées, et ne
nous laissa plus apercevoir que ce qui fuyait dans le lointain.
Je remarquai les ruines du castel de Franchimont, dont le
dernier possesseur, dit une légende fort ancienne, était un

voleur de grand chemin, et la même légende ajoute que les immenses trésors de ce bandit sont encore enfouis sous les ruines de son château.

Je doute fort de cette assertion, car je pense que le trésor a été enlevé depuis longtemps, si toutefois il a jamais existé, cependant j'aimerais à faire des fouilles dans ce lieu romantique, parmi ces murs écroulées, où l'effroi règne encore.

Mais, à l'heure présente, chère belle, la seule recherche que je vais tenter, c'est celle du repos. Je suis un peu fatiguée, et toi seule as pu me le faire oublier.

Adieu, mon excellente amie, à toi de cœur.

Lundi, 14 Septembre.   Aix-la-Chapelle.

Ma chère amie, Spa est un charmant endroit. J'aimerais y passer une saison, ce doit être certainement fort agréable. Cette petite ville est située au pied de collines boisées, elle offre un aspect propre, frais et gai. Les hôtels y sont excellents, nombreux et à des prix très convenables.

Dès notre réveil, nous avons songé à voir les endroits les plus intéressants du pays, et l'on nous a indiqué, comme tels, une excursion de sept heures, et le tour des fontaines. Nous avons choisi cette dernière promenade, et sommes parties en calèche découverte.

Le temps s'était rafraîchi par suite de la pluie d'hier, dont les gouttes perlaient encore sur les feuilles en brillant sous les rayons du soleil.

Notre voiture suivit d'abord une grande route sur laquelle se trouve la source de Tonnelet, puis elle s'engagea dans une avenue ombragée qui possède la source de la Sauvenière et celle de Groesbeck, au milieu d'un bois délicieux, où mille allées sinueuses conduisent à un monument élevé par le duc de Chartres (Louis-Philippe) en souvenir de la guérison qu'obtint sa mère en buvant les eaux de cette source. C'est notre guide qui nous raconte tout cela. Plus loin, c'est la source Géronstère qui rétablit Pierre le Grand, le Barissart et autres, toutes pittoresquement situées. De magnifiques arbres ombragent tous les chemins; la nature ici est si riante de tous côtés, que cette promenade nous a paru trop courte quoiqu'elle eût duré trois heures. Nous n'en avons pas entrepris d'autres; à notre retour, il a fallu déjeûner, puis faire plusieurs achats parmi ces milles charmants objets dont les innombrables magasins offrent la tentation aux voyageurs. Tout cela fini, nous avons jeté un sourire d'adieu au gracieux Spa et sommes parties pour Aix-la-Chapelle, l'antique capitale de l'empire des Carlovingiens.

Il me tardait de voir cette ville à laquelle se lie si étroitement l'histoire de Charlemagne, il me tardait de visiter ce château qu'il avait habité, cette chapelle où reposent les cendres de ce grand homme et la salle où l'on sacrait jadis les empereurs.

Le train ne marchait pas assez vite au gré de mes désirs, et pourtant la contrée mérite toute l'attention du touriste; aussi, malgré mon impatience, je n'ai point manqué de regarder, avec le plus vif intérêt, les sites délicieux qu'elle présente, et les vallées fertiles que nous traversions, et les monts verdoyants qui les entourent et l'antique château de Limbourg qui vit naître Henri VII, Charles IV, Wenceslas et d'autres empereurs, et les plaines témoins de mille combats et surtout des luttes des Espagnols et de Louis XIV. Bien des souvenirs historiques se pressaient dans ma pensée pendant que mes regards contemplaient l'horizon. Il nous fallut, bon gré malgré, faire halte à la frontière. Nous allions entrer sur un territoire soumis à la Prusse! Là, les formalités de la douane ne sont pas sévères, on n'ouvrit même pas nos malles, mais nous quittâmes le train belge pour entrer sur la voie allemande. Ce changement ne prit guère plus d'un quart d'heure, à Herbesthal. Alors, nous franchîmes la belle vallée du Göhl, sur un immense viaduc dont je n'ai pu compter les arches. La contrée déroule des points de vue superbes de toutes parts ; j'étais peinée que ce pays ne fût pas français. A cinq heures, nous étions à Aix-la-Chapelle. Notre première occupation, il faut l'avouer, a été de dîner, c'était l'heure de table d'hôte, nous en avons profité, car les voyages ne développent pas seulement les connaissances, ils donnent encore la santé et par conséquent, de l'appétit.

Aussitôt le repas terminé, et malgré l'heure avancée, nous avons voulu faire une promenade, ce qui n'a guère satisfait notre curiosité, puisque la nuit tombante nous empêchait de voir la ville. Nous sommes entrées dans une église où se célébrait la fête du 14 septembre ; il y avait foule, et nos prières se sont mêlées à celles de ces frères catholiques, quoiqu'ils fussent nos ennemis politiques.

En revenant à l'hôtel, nous avons rencontré plusieurs petits drôles dont l'un, impertinent comme sa nation, a lancé des marrons dans notre voiture. Il y avait une multitude de ces gamins dans les rues ; c'est une mauvaise herbe qui croît serrée, mais j'espère qu'elle sera plus facile à faucher, et que, tôt ou tard, on saura renvoyer les marrons à ces insolents ; quant à moi, je garderai ceux qu'ils m'ont jetés, et, à l'occasion, je les leur rendrai vigoureusement, je te l'assure.

Adieu, ma toute bonne, je vais dormir cette nuit sur une terre ennemie, mais Dieu et mes chères compagnes sont auprès de moi.

Je t'embrasse.

Mardi, 15 Septembre.   Cologne.

J'ai donc vu Aix-la-Chapelle, ma chère amie, et j'en suis heureuse.

C'est une ville fort ancienne, tu le sais; elle fut le séjour favori de notre illustre empereur Charlemagne, dont les dépouilles mortelles y ont reçu de grands honneurs.

Aix-la-Chapelle a été, durant des siècles, la ville la plus célèbre de l'Empire. Là se tinrent des conciles, des diètes, des congrès; là étaient sacrés les empereurs; là fut signé le fameux traité de 1668 qui termina la guerre de Succession. Que de souvenirs historiques sont revenus à ma mémoire, et combien d'intérêt ai-je éprouvé en visitant le Rathhaus, ancienne salle dans laquelle on couronnait les empereurs. Les murs sont couverts de fresques qui représentent Frédéric Barberousse devant la tombe de Charlemagne. J'y ai remarqué aussi le renversement de l'idole Irminsul, puis des batailles, entre autres, la prise de Pavie. On a représenté aussi le baptême de Witikind et le couronnement de Charlemagne, etc; toutes ces fresques sont fort belles.

L'ancien escalier qu'ont gravi les empereurs du moyen âge existe encore, mais on n'en monte plus les degrés.

La cathédrale est divisée en deux parties dont l'une semble servir de vestibule à l'autre. Au centre de la première, de forme circulaire, est la pierre tombale de Charlemagne portant cette simple épitaphe (*Carolo Magno*).

Cette tombe fut ouverte en l'an 1,000; on y trouva l'empereur assis sur un trône de marbre. Ce trône est conservé dans la galerie supérieure. Le pourtour de la chapelle est supporté par une double rangée de colonnes de marbre et de granit, apportées, dit-on, de Rome et de Ravenne. Une lampe superbe, donnée par Frédéric Barberousse, est suspendue au-dessus du caveau impérial.

La seconde partie de l'église, de forme également circulaire, est éclairée par de riches vitraux ; il y a plusieurs belles statues et un superbe lutrin orné de pierres précieuses et d'ivoire.

Cette cathédrale renferme un trésor de grande valeur ; en première ligne, il faut citer les reliques dont les plus précieuses sont une robe de la sainte Vierge, des langes de l'Enfant Jésus, un linge qui enveloppa le corps de saint Jean-Baptiste après son martyre, une dent de ce saint. Nous avons beaucoup regretté de ne point voir ces reliques, mais on ne les montre qu'une fois tous les sept ans, et notre présence ne coïncidait pas avec l'époque de cette exposition ; nous ne vîmes que la ceinture de cuir du Christ, celle de la sainte Vierge, un morceau de la vraie Croix, des ossements de saint Jean-Baptiste et une foule d'autres reliques. Je ne sais si toutes sont authentiques, on le dit, et elles sont en grande vénération dans le pays. Il y a aussi quelques os de Charlemagne, son crâne, son cor de chasse et un buste en or représentant ce grand homme.

Je ne te parle pas des riches châsses dans lesquelles ces reliques sont renfermées, mais le tout constitue un trésor considérable, capable de tenter un souverain, fût-il moins ambitieux que celui d'Allemagne ; aussi, en avons-nous fait la remarque au gardien du trésor, qui s'est montré très rassuré à ce sujet.

Le monument, dans son antique style, offre au visiteur un intérêt palpitant. Les portes mêmes datent du règne de Charlemagne, et tout rappelle cette époque reculée.

La visite détaillée de tous ces témoins, si éloquents dans leur silence même, nous avait occupées toute la matinée ; et comme nous n'avions nulle envie de voir la ville moderne qui ne présente rien de remarquable, nous n'avons fait que la parcourir rapidement en nous rendant à la gare, où le train déjà prêt à partir nous a emportées vers Cologne.

La voie traverse une contrée manufacturière qui offre quelques sites agréables dans le court trajet qui sépare Aix-la-Chapelle de Cologne.

Le bon hôtel où nous sommes descendues possède un superbe établissement de bains en marbre blanc; après nous y être reposées quelques heures et rafraîchies, nous avons pu visiter, cette après-midi même, l'imposante cathédrale de Cologne.

Que t'en dirai-je, ma chère amie? C'est, tu le sais, un de ces monuments classés, dans l'architecture, au nombre des plus parfaits, et l'on peut ajouter que c'est le plus bel édifice du monde; du moins, je n'en ai pas encore vu un aussi beau, parmi les nombreux que nous avons visités.

La porte principale a trente-deux mètres de haut et dix à onze de large; celles des portails des côtés ont quatorze à quinze mètres de haut sur six ou sept de large, la croisée du centre mesure seize mètres de haut sur sept de large environ. Je te donne ces quelques dimensions pour que tu te figures ce qu'est l'imposante cathédrale; et, si je te parlais du luxe des décorations sculptées, de la finesse des détails, de la multitude des statues, tu en serais émerveillée.

Je t'apporte une photographie excellente qui sera plus éloquente que ma plume. On nous a montré le trésor de cette église; il est peut-être encore plus riche que celui d'Aix-la-Chapelle, mais les reliques y sont en moins grand nombre.

Nous avons examiné les nombreuses chapelles qui sont dans ce beau temple, l'une d'elles est la sépulture des trois Rois mages, dont les restes ont été apportés à Constantinople par sainte Hélène, et donnés plus tard par Barberousse à un évêque, qui en fit don à Cologne.

Le cœur de Marie de Médicis a été déposé dans une des autres chapelles. Toutes ces chapelles contiennent des tombes d'évêques ou de personnages célèbres que je ne te nomme point, car ma lettre serait interminable.

Avant de quitter cette magnifique cathédrale, qui n'est point encore terminée, quoiqu'on y travaille depuis des siècles, nous sommes allées en admirer la façade de l'extrémité de la place, et précisément, c'était devant la boutique du fameux Jean-Marie Farina, dont l'eau de Cologne est si renommée; tu comprends qu'il a fallu en faire provision. Puis, nous avons parcouru la ville qui est la plus commerçante et la plus considérable des Provinces Rhénanes. C'est aussi une forteresse comme les Allemands savent les faire, c'est-à-dire imprenable. Elle est assise sur la rive gauche du Rhin sur lequel sont jetés plusieurs ponts; il y a un pont de bateaux et un autre très remarquable en fer. L'entrée de ce pont est surmontée de la statue équestre de Guillaume Ier et de celle de Guillaume IV.

L'église de Sainte-Ursule, que nous avons visitée ensuite, est une curiosité. Notre étonnement a été extrême en voyant les reliques conservées dans ce temple. Il y en a tant, qu'on en pourrait remplir plusieurs chambres depuis le parquet jusqu'au plafond.

On dit que ce sont les reliques de sainte Ursule et de ses onze mille compagnes, qui furent massacrées à Cologne, à leur retour d'un voyage à Rome.

Tu peux lire leur histoire dans la *Vie des Saints*, si cela t'intéresse.

Notre journée, tu le vois, chère amie, a été bien remplie, aussi, sommes-nous rentrées de bonne heure dans notre appartement, pour y prendre du repos. Maintenant que tu nous a suivies dans nos visites, je te laisse en t'embrassant et en te répétant, à bientôt, car nous touchons au moment du retour.

Ton amie de cœur.

Samedi, 19 Septembre.   Berlin.

Quatre jours sans recevoir un mot de moi, chère amie !
Très certainement, tu es inquiète et je m'en désole, mais je
n'ai pu trouver un seul instant pour t'écrire, malgré le vif
désir que j'en avais.

En voyant le timbre de ma lettre, tu n'as point pensé que
ce fût ton amie qui pouvait être à Berlin, et je comprends
l'étonnement que tu as dû éprouver en apprenant cette
nouvelle. Nous-mêmes, sommes-tout étonnées de nous
trouver ici ; il nous semble que ce n'est pas une réalité,
et cependant, depuis quatre jours, les Prussiens nous cou-
doient ; nous foulons le sol de la Prusse, nous constatons
sa puissance ; et notre cœur français en souffre cruelle-
ment, je te l'assure. Mais nous voulons, néanmoins, connaître de près cette nation et examiner ce pays, que nous
dominerons peut-être un jour !

Dans ma dernière lettre, je ne te parlais pas de notre
projet d'aller à Berlin, et pour bonne cause, il n'en était
pas question. Je venais d'expédier mon courrier, et je me
disposais à me mettre au lit, quand mon amie m'appela et
me dit :

— Avez-vous sommeil, Gabrielle ?

— Oui, lui dis-je, il est tard, il faut nous reposer.

— Moi, je n'ai pas envie de dormir, continua-t-elle,
causons.

Et nous voilà à former nos projets du lendemain pour
fixer notre itinéraire du retour. Après quelques regards
jetés sur la carte ;

— Si nous allions à Berlin ? dit-elle.

Je la regardai en riant, croyant qu'elle plaisantait, et
je répondis du même ton : Allons à Berlin !

L'idée fut commentée, raisonnée, examinée à fond, et

résolue séance tenante. Il ne nous fallait qu'une journée de chemin de fer et une augmentation de dépense, mais, à l'aide de ces deux auxiliaires, nous aurions vu Berlin, cette capitale ennemie! Il n'y avait pas à hésiter, puisque mon amie ne redoutait pas d'aller jusque-là et que j'étais résolue à ne jamais m'éloigner d'elle. La santé de sa famille étant parfaite, aucun obstacle ne nous arrêtait, et, il fut définitivement conclu que le lendemain nous partirions pour Berlin. Sur cette décision, nous nous souhaitâmes une bonne nuit.

Le 16 septembre, il fallut se lever de bonne heure; les trois jeunes filles étaient ravies de prolonger le voyage, aussi les malles furent vite fermées et le déjeuner vite terminé.

A la gare de Cologne, il se forme des trains pour toutes les parties de l'Europe; il y avait donc une grande multitude et un mouvement considérable. C'était un désordre, une cohue insupportable, surtout pour nous qui ne parlons pas l'allemand. Enfin, je parvins à faire peser nos colis, dont l'un avait été défoncé, et qu'il fallut ficeler, tant bien que mal. Un autre embarras fut le change de monnaie; la nôtre n'ayant pas cours en Allemagne; mais, après ces difficultés du départ, nous nous installâmes dans un superbe wagon (ils sont beaucoup plus luxueux ici que dans les autres pays), et, à huit heures, le train se mit en marche.

Notre cœur battait étrangement en nous avançant vers la capitale du puissant Guillaume; et cependant, cette curiosité, ce désir de connaître du nouveau; ce besoin insatiable de voir qu'éprouvent ceux qui aiment les voyages, étaient plus forts que notre émotion. Nous allons chez des ennemis, disions-nous, mais la paix est faite, et, parce qu'ils nous ont vaincus, ce n'est pas une raison pour ne pas visiter leur pays. Au contraire, nous aurions voulu que tous les jeunes français vissent, comme nous, cette terre qu'ils parcourront, espérons-le, en triomphateurs.

La contrée que traverse la voie ferrée n'est ni belle ni

intéressante, excepté en quelques rares endroits ; ce pays
est d'une uniformité désespérante pour le touriste. Des
champs monotones, de vastes plaines incultes, où l'œil se
perd sans rencontrer l'ombre d'un arbre , cette aridité générale du sol, rien n'était capable de nous charmer ni de
nous faire oublier l'heure du déjeuner, qui eût été une
diversion. Mais ce passe-temps, quelque nécessaire qu'il fût
d'ailleurs, ne nous fut point accordé. Les naturels de ce
pays sont, sans doute, habituées à une sobriété spartiate,
car on ne s'arrête nulle part pour laisser aux voyageurs la
possibilité de prendre un repas. Nous avions demandé, par
signes expressifs, au conducteur du train, de nous procurer
quelques aliments, mais il nous avait répondu, par signes
également, qu'on s'arrêterait plus loin ; et la vapeur nous
emportait toujours à travers ce désert.

Heureusement pour notre appétit, le train s'arrêta enfin,
vers trois heures, à Minden, dont je n'oublierai point le
nom, en mémoire du déjeuner tardif que nous y avons
pris. Tous les voyageurs se précipitèrent, comme des affamés, à la table, toute couverte de mets, qui furent dévorés
en quelques minutes : on mangeait sans savoir quoi, entas-
sant les morceaux dans la bouche ; la plupart emportèrent
de pleines mains de provisions, car le sifflet donna bientôt
le signal du départ, et chacun regagna sa place en courant.

Le reste du voyage fut encore plus monotone que le
commencement, mais enfin, nous arrivâmes à Berlin à
neuf heures du soir.

La gare était déserte ; ce fut à grand'peine que nous
pûmes trouver une voiture, ce qui nous étonna beaucoup.
Quelle différence entre cette gare et la plus petite de
celles de Paris !

Quoique nous fussions ennuyées de ne point trouver ce
qui facilite le voyage et le rend agréable, nous éprouvâmes
du plaisir à la vue de cette solitude, de ce silence mortel
dans la capitale ennemie.

Après mille pourparlers et plusieurs pièces distribuées, on nous envoya enfin une berline qui nous transporta à l'*Hôtel du Nord,* situé sur le Linden, principal quartier de la ville. On nous reçut fort poliment et l'on nous donna un immense appartement composé de cinq grandes chambres; mais, quel ne fut pas notre étonnement en ouvrant nos lits, de n'y point trouver de draps! A Berlin, les lits se composent d'une paillasse dure et d'un matelas; pour couvertures, on a une espèce d'édredon rembourré de chiffons en guise de duvet, le dessous de cette couverture est blanc et tient lieu de drap, le dessus est rouge ou d'autre couleur, et sert de couvre-pied; quant au coussin, il y en avait un si petit, que c'était une ombre.

On doit être peu confortablement couché dans un tel lit, et s'y reposer nous parut impossible; aussi, nous appelâmes bien vite la femme de chambre pour lui demander des lits véritables. Elle fut tout étonnée que nous ne trouvassions pas les couches prussiennes parfaites; cependant, elle nous arrangea de son mieux suivant nos indications, et nous pûmes enfin nous reposer.

Les Prussiens, nous paraît-il, savent se passer de nourriture et de bons lits. C'est peut-être une des conditions nécessaires pour devenir de robustes soldats.

Le lendemain, nous fûmes réveillées par le son de la musique militaire. Je sautai à bas de mon petit lit, et courus à la fenêtre. La troupe passait, droite, propre, marchant comme un seul homme. Elle s'arrêta devant l'hôtel pour une manœuvre quelconque. Je sentis des larmes me monter du cœur aux yeux : ces soldats avaient peut-être tué des Français ! Ce clairon, qui guidait leur marche, les avait aussi peut-être guidés à la victoire; ces hommes étaient peut-être les mêmes qui avaient foulé, en vainqueurs, le sol de notre patrie; et, à ces pensées, j'éprouvai une émotion indicible, un tressaillement douloureux; non, jamais, je n'avais ressenti autant d'amour pour la France.

Je ne pus supporter la vue de ces bataillons, dont j'étais forcée, malgré moi, d'admirer la bonne tenue. Je refermai vivement la croisée.

Mon excellente amie, dont le cœur est très sensible et profondément attaché à la France, était toute bouleversée ; et nous causâmes longuement et chaleureusement de nos désirs et de nos espérances pour la chère France.

Enfin, comme nous voulions rester le moins longtemps possible chez les Prussiens, il fallait nous hâter de voir ce qui nous y intéressait. Nous mîmes donc un terme à notre conversation sur la politique, et nous partîmes pour Potsdam.

Le trajet de Berlin à Potsdam dure une heure environ. A la gare, il y avait une grande quantité de voitures, mais il nous était très difficile de nous faire comprendre des cochers ; nous étions donc assez embarrassées, lorsqu'une dame s'approcha de nous, et, en parlant français, nous proposa de monter dans la même voiture qu'elle et sa belle-mère, avec laquelle elle voyageait. Nous acceptâmes, et nous voilà sept dans une berline! Cela ne paraissait guère plaire à Mary, cependant il fallait bien se résigner. Ces dames causaient, avec nous, mais nous ne les comprenions pas. Cette situation nous eût fait rire, si nous n'avions pas été si gênées et si ces deux voyageuse n'eussent pas été des Prussiennes. Elles nous suivirent toutes la journée. Mon aimable amie fit les frais de la conversation avec son amabilité ordinaire; quant à nous, les enfants et moi, nous n'y prîmes aucune part, car nous eussions préféré ne point avoir ces dames, côte à côte, avec nous.

Enfin, comme il y avait des choses intéressantes à voir, j'oubliai les Prussiennes et j'examinai tout ce qui s'offrit à nos regards.

D'abord, nous nous rendîmes au palais de marbre, construit par Guillaume II. Ce château est dans une situation charmante, au bord d'un cours d'eau sinueux, dans lequel se reflètent les beaux arbres des jardins.

11

Les dépendances et les cuisines de ce palais sont très éloignées de l'habitation ; on s'y rend par un souterrain. Nous avons visité le palais, dont l'extérieur est fort simple et l'intérieur à peine meublé. On y trouve quelques bonnes toiles modernes et des statues bien faites ; mais, le tout ne vaut pas la fatigue qu'on éprouve pour aller le voir. En quittant ce lieu, nous nous rendîmes au château de Sans-Souci.

C'est ce qui nous intéressait le plus.

Cette demeure, élevée par Frédéric le Grand, domine Potsdam. Après la mort de ce roi, son palais resta longtemps désert ; mais maintenant, on nous dit que la Cour y vient souvent.

On nous fit visiter les appartements du grand Frédéric, où sont conservés religieusement son portrait, le fauteuil dans lequel il mourut, et qui porte encore des taches de sang de l'homme illustre ; une pendule qu'on arrêta juste au moment de sa mort, à deux heures vingt minutes, le 17 août 1786.

Il y a aussi sa table de travail, son lit, plusieurs autres objets, tous intéressants pour ceux qui admirent ce remarquable souverain.

Le château, bâti sur une éminence, est peu élevé ; il ne se compose que d'un rez-de-chaussée, mais la pente douce des collines qu'il domine, offre une vue charmante. Devant le château il y a une terrasse sur laquelle s'ouvrent toutes les portes de cette modeste demeure.

Des jardins, disposés en gradins, et garnis en ce moment des orangers enlevés à Versailles, vont aboutir à un immense parc, qui s'étend très loin. Plusieurs grands jets d'eau, placés dans les carrefours des allées, rafraîchissent l'atmosphère qui est très froide ici l'hiver, et très sèche l'été. Derrière le palais s'élève, fier comme un roi, le fameux moulin de ce célèbre meunier Sans-Souci, qui eut l'audace de refuser sa petite propriété à Frédéric le Grand.

Ce moulin et l'enclos qui l'entoure appartiennent encore

aux descendants du meunier : c'est un moulin pareil à tous les moulins du Nord, mais il est aussi intéressant que le palais, au point de vue historique. On nous fit visiter l'orangerie, qui est immense et ornée de statues de marbre, dont le plus beau groupe est une copie du Taureau Farnèse, qu'on a placé à l'entrée sur la terrasse.

Les deux prussiennes nous avaient dit adieu vers midi, ce qui nous avait enchantées, et nous-mêmes, après avoir visité les demeures royales, nous nous dirigeâmes vers la gare, en traversant Potsdam qui nous parut pittoresquement situé dans une île du Havel. Cette jolie petite ville doit sa prospérité à Frédéric-le-Grand qui en fit sa résidence habituelle, et qui y construisit, non seulement le palais de Sans-Souci, mais encore le Nouveau Palais que la famille royale occupe en ce moment, ce qui nous a empêchées de le visiter. Il y a plusieurs beaux édifices à Postdam, car là, comme partout, la cour se rend où réside le roi.

Il fait une chaleur accablante et une poussière intolérable. Dans ce pays sablonneux, la voie ferrée, court dans des landes, ce qui ne rend pas le voyage agréable; aussi fûmes-nous très contentes de la rapidité du retour. A cinq heures nous étions à Berlin, et à six, nous assistions au dîner de table d'hôte.

Le dîner, comme les lits, diffère des nôtres. Ici, on mange la crème avec la salade et l'on met sur la table une foule de petits plats que les convives mêlent dans leur assiette, il y en a de toutes les couleurs, je n'en connais point le nom, et je n'en aime point le goût.

En Angleterre, on donne de grosses pièces toujours grillées ou roties et des légumes bouillis, ici, ce sont, au contraire, des variétés continuelles et des quantités de petits ingrédients; quant aux vins, ils sont mauvais comme partout hors de France.

Après le dîner, nous montâmes en voiture pour parcourir la ville que nous n'avions point encore vue, et nous la trouvîmes superbe. La maison du grand ministre Bismarck est une des plus simples, quoiqu'elle soit fort belle, la plupart des habitations ressemblent à des palais, celle de Moltke est magnifique. Les voies sont spacieuses et immenses en longueur, les monuments publics, tous groupés sur le Linden, offrent un aspect grandiose, digne d'une capitale de premier ordre, en un mot, nous avons trouvé Berlin trop beau.

Hier, vendredi 18, nous avons entrepris la visite des palais, et avons commencé par le château royal, après avoir préalablement télégraphié en France, pour demander des fonds. Le château royal se compose de six cents appartements, somptueusement meublés. De tous côtés, on y voit marbres, dorures, tableaux, fresques, statues; de tous côtés aussi, l'aigle couronné se dresse fièrement et semble défier les visiteurs, qui ne doivent marcher dans le palais de l'empereur que chaussés de pantoufles de feutre, dont on les embarrasse dès le seuil des salles. Cette précaution nous parut mesquine et comique. Il y avait plus de cinquante personnes, visitant en même temps que nous; chacune reçut à la porte, une large paire de pantoufles. Mon amie, dont tu connais le petit pied, perdait à chaque instant ces grandes chaussures, ou bien s'empêtrait dans les talons où ses pieds mignons disparaissaient tout entiers et la difficulté qu'elle éprouvait à marcher ainsi était si amusante que nous riions toutes, malgré nos efforts pour garder le sérieux devant les Allemands qui auraient pu prendre notre gaîté pour de la moquerie. Cependant, il y avait de quoi se divertir, et plusieurs visiteurs, qui n'étaient peut-être point Allemands, riaient autant que nous. Enfin, la tournée finie, on nous déchaussa et nous marchâmes sans trébucher et par conséquent plus sérieusement. En passant dans une petite salle, nous avons remarqué une grande statue représentant une femme enveloppée de voiles blancs. On nous dit que c'était la Dame Blanche.

En Allemagne, il existe une légende qui prétend que la comtesse Agnès d'Orlamünde, tua ses deux enfants pour épouser l'un des ancêtres des Electeurs de Brandebourg, Albert de Nuremberg, et que l'ombre de cette femme apparaît dans les palais de la famille royale, chaque fois qu'un des membres de cette famille doit mourir dans l'année. Cette légende ne nous étonna pas, car nous savions que l'Allemagne est encore naïve, et la Dame Blanche, religieusement gardée sous de belles et sombres draperies, dans le palais royal, ne nous permettait pas de douter du culte que les Allemands conservent pour le fantastique.

Vint ensuite la visite du musée : renfermé dans un magnifique palais, devant lequel s'élèvent des groupes en bronze, représentant le Cheval du Monte Carvallo à Rome, Pégase, une Amazone se défendant à cheval contre un tigre, et enfin, un Combat de lions. Tous ces groupes sont superbes et on en voit aussi de fort beaux sur tous les édifices publics et sur toutes les places, ce qui donne à Berlin un véritable aspect de grandeur. Quoique cette ville n'ait pas la grâce, le bon goût, la perfection de Paris, on doit être juste et vrai et avouer que c'est une très belle capitale.

La façade du musée est couverte de fresques remarquables, mais l'intérieur n'est pas riche; on voit que le royaume est encore à l'enfance : il faut des siècles et des génies pour posséder les trésors des beaux-arts, et la Prusse est d'hier.

Après le déjeuner, nous avons visité le palais du Gross Prince, situé près de l'Opéra. Ce palais est orné de bronzes, de tableaux modernes et d'un grand nombre de portraits d'hommes célèbres. Les appartements particuliers des princes sont très simplement meublés, mais je n'en dirai pas autant du palais impérial qui est encore plus somptueux que le palais royal. La grande salle de réception, longue de soixante-quinze mètres, est admirable. On nous a fait remarquer une salle où retentit un écho extraordinaire; de là, nous avons passé dans les appartements, tous d'une richesse excessive. Ce palais possède deux beaux jardins, l'un d'été et l'autre d'hiver, dans lesquels sont réunies à grands frais, les plantes les plus rares.

Tu vois, ma chère amie, que notre ennemi n'est pas complètement amateur de la simplicité, en ce qui le concerne.

Que te dirai-je encore de cette demeure splendide? Nous y avons vu le modèle en bronze de la Colonne de la victoire, élevée sur une des places de la ville pour perpétuer le souvenir de notre défaite, nous y avons remarqué aussi tous les objets pris à Paris et à Versailles, par les Prussiens, quand ils ont occupé ces villes, et cette vue nous mordait le cœur comme la piqûre d'une vipère, mais j'espère bien que nous aurons une éclatante revanche.

La fin de la journée s'est écoulée à parcourir la ville et nous sommes rentrées le soir, convaincues, comme hier, trop convaincues, que Berlin est une belle ville.

Enfin, aujourd'hui, 19 septembre, nous avons quitté cette capitale que nous avons complètement explorée. Depuis ce matin, nous n'avons cessé de visiter les églises dont aucune n'est remarquable en ce pays hérétique; la synagogue, belle et vaste, les places, les rues superbes dans le centre, pauvres et tristes dans les faubourgs; des galeries, des magasins dont plusieurs sont très riches, mais partout le commerce semble mort, on ne voit aucun acheteur, les promenades sont désertes, on dirait qu'il n'y a personne à Berlin.

Nous avons visité le palais du prince Charles qui est à peu près comme celui des princes; nous avons ensuite vu le Reichstag-Gebaude, ou salle du conseil, où siègent de Moltke et de Bismarck, cette salle est très simple.

Il est quatre heures, en rentrant, nous avons remarqué encore la statue équestre de Guillaume, sur le Linden. Enfin, après règlement de note et dîner, nous partirons pour Francfort-sur-le-Mein.

Je n'ai point voulu quitter Berlin sans t'écrire, ma bonne amie, et je t'expédie cette lettre ou plutôt ce volume, car ma missive mérite aujourd'hui ce nom. Maintenant, rien n'arrêtera notre retour, ouvre les bras pour me recevoir bientôt.

Je t'embrasse de cœur.

Dimanche, 20 Septembre.   Mayence.

Ma bonne amie, cette nuit, j'ai constaté que le mieux est quelquefois l'ennemi du bien, et voilà comment.

Nous avons quitté Berlin, hier soir, vers huit heures. Devant passer la nuit en route, nous désirions être confortablement installées, c'était naturel; mais en Allemagne, ce qu'il y a de mieux, c'est-à-dire de plus cher, en fait de wagons, n'est pas le plus commode, et c'est pour cela que nous avons été fatiguées. Les sièges trop profonds, trop longs pour des fauteuils, trop durs pour des lits, ne peuvent servir ni de l'un ni de l'autre; aussi, n'avons-nous pu dormir de la nuit. Mes jeunes amies ne s'en sont point aperçues; à cet âge heureux, on dort facilement, mais leur mère et moi étions toutes courbaturées. Il faisait très froid, je me sentais gelée. Vers quatre heures du matin, nous étions transies et il a fallu la beauté des sites que la voie traversait, pour nous faire secouer notre engourdissement. L'Allemagne est pittoresque vers le sud, il y a des endroits excessivement jolis. Le nord est inculte, mais le midi est bien cultivé et la végétation y paraît prospère.

Vers cinq heures, le soleil monta peu à peu derrière les collines, des vapeurs blanchâtres s'élevèrent lentement des vallées et des plaines, bientôt tout l'horizon se montra pur, et l'astre du jour y brilla resplendissant. On arrivait à Francfort-sur-Mein.

Toujours comme de jolis oiseaux, secouant au réveil leur léger plumage et reprenant leur gazouillement, nos jeunes filles, en ouvrant les yeux, agitèrent les longues boucles de leur blonde chevelure, et recommencèrent leur gaie causerie ; mais, il fallut bientôt les interrompre pour nous préparer à passer du wagon dans une voiture. On nous conduisit à l'hôtel où nous déposâmes nos bagages, et, sans nous y arrêter, nous nous rendîmes à l'église, car c'était le jour du Seigneur, et nous voulions remplir nos devoirs envers Dieu, avant toute autre action.

Il se trouvait une chapelle très près de l'hôtel, et une messe allait être dite. Nous y assistâmes donc, sans retard. La piété du peuple me frappa. Toutes les personnes présentes communièrent : on pouvait se croire au temps des premiers chrétiens.

Nous nous sentions émues et remplies de respect pour ces fidèles si pieux au milieu des hérétiques et des persécutions. Ici, comme en Angleterre, les catholiques sont plus fervents que les Français ; est-ce le résultat de la différence des caractères ou de notre sécurité religieuse ? je ne sais, mais nous étions bien édifiées de la piété de ces étrangers.

De retour à l'hôtel, la fatigue de la nuit s'est fait sentir, et ma bonne amie a dû se mettre au lit ; quant aux enfants et à moi, plus fortes qu'elle, nous étions déjà tout à fait bien, et prêtes à sortir vers dix heures. Ce peu de temps ayant suffi pour reposer leur bonne mère, nous avons alors visité la ville. Malheureusement, le dimanche tout est fermé à Francfort, il a donc fallu nous borner à parcourir les beaux quartiers de la cité. Nous y avons remarqué un monument élevé en l'honneur de Gœthe et la maison où naquit ce grand homme ; d'autres monuments à J. Guttemberg, à Schiller ; la maison de Rothschild ; le quartier Juif, la belle promenade de Zeid, en un mot, tout ce qui est intéressant dans cette ville.

Ce que nous désirions surtout voir, c'était la Bulle d'or

VUE DE FRANCFORT

de Charles IV, datant de 1356, et conservée aux archives, dans un ancien édifice qui est le même où se fit jadis l'élection de tant d'empereurs. On y conserve aussi d'autres objets, précieux souvenirs historiques; mais tout était clos.

Ne pouvant rester un jour de plus à Francfort, car nous avons hâte de revoir la France, nous avons pris le train de quatre heures, pour être à Mayence ce soir même; nous voulons maintenant marcher à grands pas vers la patrie.

Le trajet a duré à peine une heure. L'aspect de Mayence est gai; toute la population est sur les promenades; l'hôtel où nous sommes descendues est situé sur un large quai; de nos fenêtres, la vue s'étend sur le Mein et le Rhin, dont la largeur est imposante en cet endroit.

Il faut te dire adieu, chère amie, nous allons sortir; à demain, il me tarde de te revoir, et j'aurai bientôt ce plaisir.

Lundi, 21 Septembre.   Baden.

Encore une halte, ma bonne amie; nous nous sommes arrêtées à Baden-Baden.

Hier soir, je t'ai écrit de Mayence, il faut te parler de cette ville.

C'est une place excessivement fortifiée : de tous côtés, on y voit d'énormes tas de boulets de canon; les soldats semblent sortir de chaque pavé !

Le Rhin y étale majestueusement ses eaux, dont les rives sont trop belles pour une place de guerre; en effet, les fortifications, à triple ligne de bastions, la citadelle, les forts avancés, tout l'immense attirail, qui fait songer au sang, est effrayant, et l'on oublie les riants paysages, en regardant les hauts remparts.

En nous promenant sur ces immenses remparts, qui s'étendent au loin dans la campagne, nous nous sommes bien convaincues de la force formidable de cette place, et cela nous a été désagréable.

La ville a de beaux quartiers et des rues fort anciennes; tu sais que Mayence date de la plus haute antiquité puisqu'on la fait remonter à une origine celtique. On y voit quelques ruines romaines sans importance.

Aujourd'hui, cette ville n'a d'autre mérite que d'être une place forte, et bien forte, je te l'assure. Il n'y a rien de remarquable, excepté un monument élevé à Guttemberg. Le port est l'endroit le plus gai; la vue dont on jouit de notre hôtel vaut, à elle seule, la peine de venir à Mayence. Nous aurions peut-être pu voir quelque chose, si notre cocher avait parlé français, mais il ne comprenait rien; de sorte qu'après avoir bien parcouru la ville, nous l'avons quittée ce matin, vers dix heures.

Le temps était superbe, nous avons donc pu admirer, par un soleil radieux, la ravissante contrée qu'arrose le Rhin. De toutes parts, s'élèvent des forts détachés sur le sommet de toutes les collines et de toutes les montagnes que couvre la Forêt-Noire; des châteaux en ruines s'affaissent au pied de ces forteresses modernes, comme le moyen âge s'est effacé devant le xve siècle; mais leurs débris grandioses, sous leurs couronnes de lierres, parlent toujours de ces temps anciens dont le voyageur aime à faire revivre le souvenir.

Baden-Baden nous a paru désert. Depuis la guerre de 1870, cette ville a beaucoup perdu; les français n'y viennent plus, et le jeu étant supprimé, le casino est vide. On y fait de la musique cependant, mais il n'y a personne pour l'écouter. Il a fallu faire toilette pour la table d'hôte; aussitôt après le repas, nous avons parcouru la place, les allées, la ville entière, tout est fort joli; mais, je le répète, tout est désert.

BORDS DU RHIN

Adieu, bonne amie, demain nous visiterons les alentours, et je te donnerai de nos nouvelles.

Je t'embrasse tendrement.

Mercredi, 23 Septembre.   Strasbourg.

Nous ne pouvions point rentrer en France, n'est-ce pas ma bonne amie, sans venir dire un triste adieu à ce cher Strasbourg, à cette ville française encore de cœur, à cette sœur malheureuse que le destin a arrachée du sein de la famille. Il nous était nécessaire d'y respirer quelques instants, et de serrer la main à ces amis qui sont, et seront toujours, des français pour nous.

Mais, avant de t'en parler plus longuement, je veux finir de te raconter notre séjour à Baden-Baden.

Hier, il faisait beau et chaud, aussi avons-nous entrepris une longue excursion pour aller voir un ancien château construit dans la Forêt-Noire, sur le sommet d'une montagne très élevée, d'où l'on domine tout le pays, et particulièrement la belle vallée du Rhin jusqu'à Strasbourg. L'ancien château que nous allions visiter, était, au xᵉ siècle, une demeure des Margraves.

Nous nous y sommes rendues en gravissant un étroit sentier, à travers la forêt sombre, bien nommée Forêt-Noire, qui laisse apercevoir, par quelques éclaircies, les nouveaux forts construits par les allemands, sur tous les pics et points culminants; partout on en voit surgir, se dressant comme des aigles et des vautours prêts à dévorer ce que leur œil embrasse. Nous nous sommes arrêtées sur l'un de ces sommets : de là nous voyions, au loin des masses de porphyre qui ressemblent à des ruines de formes bizarres; le château Alt-Eberstein et plusieurs autres;

partout des ruines, et sur tous ces murs écroulés, sur chaque sombre chemin, au contour de tous les sentiers ardus, une terrible légende jette un voile de crainte, de tristesse et de poésie sur cette contrée qui, après l'Écosse, est la plus romantique qui existe.

En descendant du vieux château, il nous semblait être transportées au nombre des héroïnes des légendes. Mais, plus heureuses qu'elles, nous sommes rentrées saines et sauves, ayant encore nos yeux et nos cœurs, et pouvant tout voir sans trembler.

Baden-Baden est située à l'entrée de la Forêt-Noire et s'étend au pied de ses ténébreuses profondeurs, on y a, de tous côtés, une vue délicieuse sur la vallée. Aussi avons nous été ravies de notre promenade.

Nous avons alors visité le Casino qui est un des plus luxueux établissements de ce genre, puis, après avoir vu et revu la ville et fait quelques achats, nous sommes parties vers trois heures pour Strasbourg.

Il n'est point, dans toute l'Allemagne, une partie plus pittoresque que la contrée de la Forêt-Noire ; aussi, n'avons-nous cessé d'admirer les sîtes étranges et beaux que traverse la voie ferrée ; mais, plus nous approchions du territoire arraché à notre patrie, plus cette superbe perspective nous attristait, plus nous déplorions notre malheur ; et, en arrivant à Kehl, à la vue des fortifications des Prussiens, nos larmes ont coulé au souvenir de la lutte sanglante que notre cher Strasbourg a soutenue. De là, en effet, nous voyions parfaitement la ville vaincue, nos regards embrassaient en entier ces immenses lignes de fortifications qui virent tomber tant de braves français. Il nous sembla assister à ces terribles assauts, voir avancer les ennemis dans la plaine, entendre gronder le canon, et siffler la mitraille.... Nous nous étions tues, et, dans un respectueux silence, semblable à celui qui règne dans un champ de repos, nous avons traversé ce vaste espace arrosé du sang de nos frères...

A six heures, nous étions à Strasbourg, où nous sommes descendues à l'hôtel de Paris.

Notre premier soin a été de prendre nos lettres à la poste, puis, aussitôt après le dîner, nous nous sommes retirées dans notre appartement d'où nous avons entendu la musique militaire, dont les accords ont fait, comme à Berlin, douloureusement vibrer nos cœurs. Cette musique n'était-elle pas celle des ennemis !

La troupe des musiciens était réunie sur la place, devant notre hôtel ; nous avons jeté un regard sur cette promenade : tout le monde y était silencieux ; on n'y voyait guère que des soldats ; pas une dame, pas un enfant ! On comprenait que la symphonie exécutée par les ennemis, sur la terre conquise, ne trouvait point d'écho parmi nos chers Strasbourgeois. Nous avons fermé nos fenêtres ; et, toutes tristes, nous nous sommes livrées au repos.

Ce matin, de bonne heure, nous étions à la cathédrale, ce superbe édifice pour la conservation duquel cette ville patriote a capitulé, après une si héroïque résistance.

Le gardien nous ayant conseillé de revenir à midi pour voir la fameuse horloge en mouvement, nous avons employé la matinée à parcourir la cité. A chaque pas, on peut constater les dégâts causés par les assiégeants de 1870 ; des quartiers entiers détruits par le feu sont déjà reconstruits ; d'autres, sont demeurés criblés de boulets qui se sont logés dans les murailles et y resteront comme des preuves irrécusables de la barbarie des temps modernes, qu'on trouve civilisés ! Il y en a un très grand nombre, même dans la cathédrale, dont les hautes tours servaient de but à nos vandales ennemis.

Le sacristain qui gardait encore son église, a eu les deux jambes cassées par l'un des éclats des obus qui transperçaient le monument de toutes parts. La flèche la plus élevée, surmontée d'une croix, a été atteinte par les projectiles, et a failli être jetée à terre ; mais depuis, on l'a redressée et

elle s'élève encore majestueuse au sommet du monument
mutilé.

Nous avons vu l'église de Saint-Thomas, qui renferme
le tombeau du maréchal de Saxe, fils d'Auguste Ier, roi
de Pologne. Ce monument de marbre est superbe; on
voit le héros descendant dans la tombe ouverte devant lui;
une statue de femme, représentant la France, semble vouloir
le retenir ; tandis que le lion hollandais, l'aigle autrichien et
le léopard anglais, sont couchés sur les drapeaux déchirés
de leurs nations pour symboliser les victoires que le grand
homme a remportées sur elles. Je t'apporte une photographie
de ce monument.

Dans cette même église, on nous montra deux momies, un
comte de Nassau et une petite fille du XVIe siècle. J'ai
remarqué aussi les statues de Guttemberg et de Kléber.

La ville, quoique vaste, nous semble bien triste ; tous les
français auxquels nous avons adressé la parole, nous ont
paru redouter les nouveaux maîtres, et aucun ne les aime.
Il règne ici une espèce de terreur; on est courbé sous le
joug, et la force seule contient la population qui espère, en
silence, rentrer avant peu dans la mère patrie.

A midi, nous étions devant la célèbre horloge, au milieu
d'une foule serrée, curieuse comme nous de voir jouer l'ins-
trument que Schwilgué, construisit en 1838. Je vais tâcher
de te le décrire :

Sur un premier plan on voit un énorme globe marquant
le cours des astres; un peu en arrière de ce globe, est un
calendrier perpétuel; sur un des côtés est un calendrier ecclé-
siastique, et de l'autre, on suit toutes les phases de la lune.

Au-dessus, en arrière-plan, est placée une horloge marquant les heures, les minutes, les secondes, les jours, les
mois et les saisons. Tout cet admirable mécanisme est réglé
pour un temps indéfini, et, heureusement, il n'a pas été
endommagé pendant le bombardement de la ville, ce qui
eût été une perte immense.

Cette horloge occupe tout le fond d'une nef et s'élève à une grande hauteur. Une quantité de statuettes, mues par le mécanisme, exécutent des mouvements fort intéressants.

Tout au faîte, un coq perché allonge le cou, quand midi

sonne, et chante d'une voix vibrante. A ce même moment, sur une galerie de bois sculpté, les douze apôtres défilent devant Jésus qui se présente au milieu de la galerie et les bénit.

Sur un autre point, on voit quatre figures qui représentent les différents âges de l'homme passant devant la Mort.

A tous les quarts d'heure, un ange sonne tandis qu'un autre renverse un sablier à ses pieds. Un squelette, placé plus haut sonne les heures. A chaque heure, la représentation se renouvelle; mais c'est à midi que tout marche à la fois.

Tout ce petit drame est si intéressant que chaque jour une foule d'étrangers viennent y assister. Quant à moi, je regrette de ne pouvoir l'examiner plus à loisir, car je suis émerveillée de cette combinaison savante, qui a pu faire exécuter si exactement, en un espace si restreint, le système admirable de la marche des astres et du temps.

La cathédrale est magnifique; c'est un de ces monuments classés, comme celui de Cologne, parmi les merveilles de l'architecture, et je comprends que les Strasbourgeois aient résisté quelques heures de moins, en voyant brûler cette basilique que l'on révère et que l'on admire depuis plusieurs siècles.

Après avoir vu la ville et la cathédrale, après avoir constaté les souffrances qu'ont éprouvées nos malheureux compatriotes, nous avons voulu parcourir les remparts. Pour nous y rendre, nous avons parcouru une multitude de rues nouvelles, élevées sur les débris faits par la guerre. Un américain qui examinait tout, comme nous, nous a raconté ce siège épouvantable, auquel il a assisté durant plusieurs jours, et il nous dit que les Français avaient été sublimes et que, s'ils avaient été secourus tant soit peu, jamais Strasbourg n'eût été pris.

Nous étions déjà persuadées de cette vérité, mais nous nous sommes éloignées de ces bastions, le cœur plus courroucé que jamais contre les traîtres ou les ineptes que l'on place trop souvent à la tête des armées et des peuples.

Et maintenant, ma bonne amie, je t'envoie ma lettre au moment de monter en wagon; demain, nous serons à Paris, et bientôt tu recevras la visite de celle qui t'aime et t'embrasse tendrement.

Adieu.

————————

Jeudi, 24 Septembre.   Páris.

Un mot seulement, ma bonne amie, un mot pour te dire que notre voyage de nuit a été fort agréable : il est si doux de rentrer dans la patrie ! Mon cœur bat à la pensée que je vais revoir tous ceux que j'aime et qu'une séparation de deux mois semble rendre plus chers encore. Une seule ombre se dresse devant moi : c'est qu'en retrouvant les uns, je quitte les autres. C'est ainsi qu'il n'est jamais de bonheur complet. Je vais m'éloigner de cette excellente amie dont l'affection m'a entourée de soins et a embelli les jours du voyage; mais, ne pensons point à la séparation.

Je te disais que le trajet de Strasbourg à Paris ne nous a point fatiguées. Ce matin, à six heures et demie, Paris nous a reçues. Dès que les formalités de la douane ont été remplies, nous nous sommes dirigées vers l'hôtel du Louvre ; n'y ayant pas trouvé de chambre à notre goût, nous sommes descendues à l'hôtel de Bade, qui est beaucoup mieux situé. Nous avons déjà fait une agréable et longue promenade dans Paris ; mais Amélie se sentait un peu fatiguée, je suis restée auprès d'elle, tandis que sa mère et ses sœurs vont chez une amie. Je profite de ce moment pour t'écrire, persuadée que cette petite lettre va te rendre heureuse puisqu'elle est le signal du retour.

A bientôt.

————————

Vendredi, 25 Septembre.   Paris.

Je ne puis me livrer au repos, sans te dire, ma bonne amie, que ta lettre m'a fait un extrême plaisir ; et, puisque tu le désires, je te raconterai ce que nous verrons à Paris quoique rien n'y soit nouveau pour toi.

Vers cinq heures, nous avons suivi la promenade parisienne, au Bois de Boulogne, gai et frais comme s'il ne se souvenait point de la guerre. Une foule de brillants équipages portant les élégants du jour, y circulaient fièrement, Paris est toujours le même, c'est le roi du monde, c'est la capitale universelle, c'est la gloire qui ne peut s'éteindre, même dans les revers ; le lendemain d'une défaite, Paris est encore resplendissant, et, celui qui l'a vaincu hier, vient humblement lui tendre la main, en demandant l'aumône ; et Paris, cœur de la France, fait la charité, distribue les richesses de son industrie, de son esprit, de ses lumières, de ses plaisirs, de la surabondance de sa vie.

Après une bonne nuit de repos, nous étions ce matin, toutes disposées à nous promener, et vers neuf heures, nos courses ont commencé. Nous avons revu avec joie, la Madeleine, le Louvre et ses musées, la Sainte-Chapelle, le Panthéon, les boulevards et les quais, et tout Paris, et partout, nous nous sentions heureuses et fières d'être françaises, et nous disions : Paris est la plus belle ville du monde.

Le soir, le bois de Boulogne nous a comptées encore parmi ses habitués, et après le dîner, une agréable promenade a terminé cette journée charmante.

Adieu, amie, il est dix heures.

Je t'embrasse.

Dimanche, 27 Septembre. Paris.

C'est aujourd'hui l'annonce définitive du retour, ma bonne amie, ouvre tes bras pour me recevoir, nous serons demain à Bordeaux.

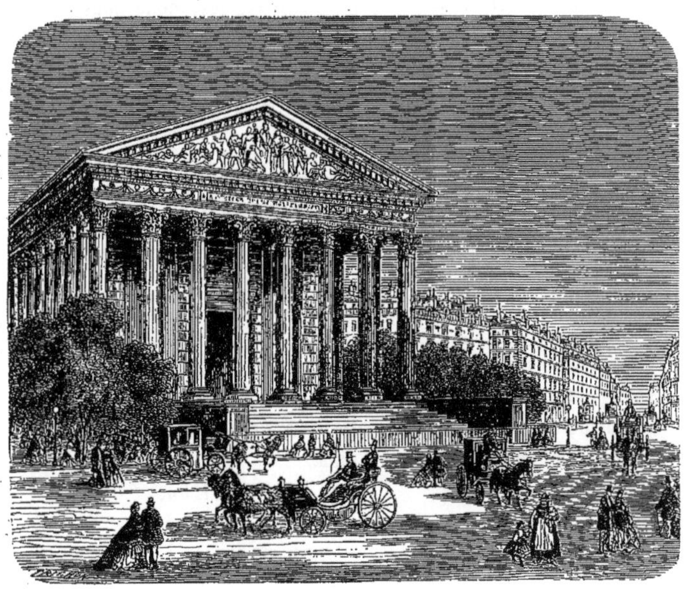

LA MADELEINE

Notre séjour à Paris touche donc à son terme, mais il a été bien employé. De grand matin, hier, nous avons recommencé nos courses et parcouru les magasins. Ah! là, il a fallu faire une longue halte, et le Bon Marché, qui coûte toujours fort cher, nous a entraînées à mille achats. La journée s'est écoulée si rapidement que nous avons été tout

étonnées de voir le coucher du soleil quand nous croyions
être à midi. Il y a tant de distractions de tous genres ici,
que les heures s'envolent.

Le soir, nous avons vu jouer *Orphée aux Enfers*, et il
n'était pas moins de trois heures quand nous nous sommes
endormies. Cependant, ce matin, nous avons encore voulu
jouir de Paris.

Après avoir entendu la messe aux Invalides, nous nous
sommes rendues au Bois de Boulogne. Il y avait des courses;
aussi était-il fort difficile de se procurer de grandes voitures,
et nous avons été obligées de nous y rendre en deux bandes.
Rien n'est semblable au mouvement de Paris en temps
habituel, et, les jours de fêtes, de courses, ou autre chose
extraordinaire, c'est inimaginable : il faut le voir pour s'en
faire une idée exacte. Le soir, nous avons entendu le *Pré
aux Clercs* et le *Chalet*, deux pièces charmantes qui nous
ont ravies.

Nous rentrons, il est une heure et demie, tu vois que
j'aurais pu dater ma lettre de lundi, mais j'ai voulu que le
lundi t'apportât les nouvelles de mon dernier dimanche de
voyage et ton amie elle-même.

Adieu, cette lettre ne devancera donc que de quelques
heures l'arrivée de celle qui t'aime.

Tout à toi.

Lundi, 28 Septembre.   Retour.

Le temps est superbe comme au départ; le soleil qui
resplendissait au ciel de juillet, nous sourit encore aux der-
niers jours de septembre et semble joyeux de nous ramener
dans notre home. Nous courons à toute vapeur vers Bordeaux, où nous attendent des parents et des amis anxieux de

nous revoir et curieux d'entendre le récit de nos pérégrinations.

Nos aimables jeunes filles sont maintenant impatientes d'arriver, il leur tarde de retrouver les petits trésors de la maison, les familiers du foyer domestique, de reprendre les habitudes de leur charmant intérieur : le sourire est sur leurs lèvres joyeuses, le bonheur et la santé resplendissent sur leur front candide. Leur tendre mère, heureuse de les voir si gaies et si belles, les contemple avec complaisance et bénit le ciel des faveurs dont il la comble ; et moi, j'unis mes actions de grâces aux siennes, car le bonheur de ceux que j'aime fait tout mon bonheur. Nous remercions ensemble le Seigneur de la constante protection qu'il a daigné nous accorder durant notre voyage, et nous lui demandons de nous donner encore d'autres jours aussi agréables.

Voilà Bordeaux !

Salut, superbe rade, salut belle ville ; nous sommes enchantées de te revoir, et nous rendons grâces au Tout-Puissant qui, après nous avoir comblées de jouissances pendant nos courses lointaines, nous ramène, saines et sauves, dans ton port fortuné.

FIN

TABLE DES VIGNETTES

— Lille. Typ. J. Lefort. 1891 —